Die Zukunft gehört dem urbanen Quartier

Nina Berding · Wolf-Dietrich Bukow
(Hrsg.)

Die Zukunft gehört dem urbanen Quartier

Das Quartier als eine alles umfassende kleinste Einheit von Stadtgesellschaft

Hrsg.
Nina Berding
Universität Siegen
Siegen, Deutschland

Wolf-Dietrich Bukow
Universität Siegen
Siegen, Deutschland

ISBN 978-3-658-27829-8   ISBN 978-3-658-27830-4 (eBook)
https://doi.org/10.1007/978-3-658-27830-4

Die Deutsche Nationalbibliothek verzeichnet diese Publikation in der Deutschen Nationalbibliografie; detaillierte bibliografische Daten sind im Internet über http://dnb.d-nb.de abrufbar.

© Springer Fachmedien Wiesbaden GmbH, ein Teil von Springer Nature 2020
Das Werk einschließlich aller seiner Teile ist urheberrechtlich geschützt. Jede Verwertung, die nicht ausdrücklich vom Urheberrechtsgesetz zugelassen ist, bedarf der vorherigen Zustimmung des Verlags. Das gilt insbesondere für Vervielfältigungen, Bearbeitungen, Übersetzungen, Mikroverfilmungen und die Einspeicherung und Verarbeitung in elektronischen Systemen.
Die Wiedergabe von allgemein beschreibenden Bezeichnungen, Marken, Unternehmensnamen etc. in diesem Werk bedeutet nicht, dass diese frei durch jedermann benutzt werden dürfen. Die Berechtigung zur Benutzung unterliegt, auch ohne gesonderten Hinweis hierzu, den Regeln des Markenrechts. Die Rechte des jeweiligen Zeicheninhabers sind zu beachten.
Der Verlag, die Autoren und die Herausgeber gehen davon aus, dass die Angaben und Informationen in diesem Werk zum Zeitpunkt der Veröffentlichung vollständig und korrekt sind. Weder der Verlag, noch die Autoren oder die Herausgeber übernehmen, ausdrücklich oder implizit, Gewähr für den Inhalt des Werkes, etwaige Fehler oder Äußerungen. Der Verlag bleibt im Hinblick auf geografische Zuordnungen und Gebietsbezeichnungen in veröffentlichten Karten und Institutionsadressen neutral.

Springer VS ist ein Imprint der eingetragenen Gesellschaft Springer Fachmedien Wiesbaden GmbH und ist ein Teil von Springer Nature.
Die Anschrift der Gesellschaft ist: Abraham-Lincoln-Str. 46, 65189 Wiesbaden, Germany

Inhaltsverzeichnis

Einleitung: Die Zukunft gehört dem urbanen Quartier 1
Nina Berding, Wolf-Dietrich Bukow,
Andreas Feldtkeller und Folkert Kiepe

Das Quartier als Kern einer zukunftsorientierten Stadtgesellschaft

Das Quartier wird Basis zukunftsorientierter
Stadtentwicklung... 7
Wolf-Dietrich Bukow

Perspektiven des urbanen Quartiers............................ 27
Andreas Feldtkeller

Stadtquartiere bauen – aus Erfahrungen lernen
10 Prinzipien 47
Wolfgang Sonne

Aspekte einer zukunftsorientierten Quartierentwicklung

Das Geh-Quartier – Urbanität kommt zu Fuß..................... 77
Roland Stimpel

Mischen! Aber was? 83
Timo Munzinger

Soziale Mischung im Quartier – 12 Thesen 93
Tilman Harlander

Open City – Der öffentliche Raum in der Stadt der kurzen Wege 103
Birgit Roth

Das Quartier auf dem Weg in eine urbane Zukunft

Alltag im urbanen Quartier 139
Nina Berding

Öffentliches Leben im Quartier – oder: Die Späti-Moderne 151
Wolfgang Kaschuba

Mehrheimische Ökonomie. Wie die zunehmende Diversität das Quartier neu modelliert 163
Marc Hill

Auf die richtige Weichenstellung kommt es an: die Mobilitätswende

Von einer synchronen Quartierentwicklung zur Mobilitätswende 183
Wolf-Dietrich Bukow und Erol Yildiz

Verkehrspolitik für urbane Quartiere in einer Stadt der kurzen Wege 201
Folkert Kiepe

Herausgeber- und Autorenverzeichnis

Über die Herausgeber

Nina Berding absolvierte das Studium der Germanistik, Romanistik und Soziokulturellen Studien (Ethnologie und Sozialwissenschaften) an der WWU-Münster, Universidad de La Rioja in Logroño und an der Europa Universität Viadrina in Frankfurt/Oder. Im November 2018 hat sie ihre Dissertation mit dem Titel „Der urbane Raum Lessingplatz in Düsseldorf-Oberbilk. Städtischen Alltag arrangieren: Eine ethnografische Studie über ganz alltägliche Konflikte im Umgang mit urbaner Vielfalt" erfolgreich an der Universität zu Köln abgeschlossen.

Prof. Dr. Wolf-Dietrich Bukow Studium der Ev. Theologie, Soziologie, Psychologie und Ethnologie in Bochum und Heidelberg. Gründer der Forschungsstelle für Interkulturelle Studien (FiSt) sowie des center for diversity studies (cedis) an der Universität zu Köln. Zuletzt Inhaber einer Senior-Forschungsprofessur am Forschungskolleg der Universität Siegen (FoKoS) mit den Schwerpunkten Mobilität, Diversität und Regionalentwicklung. Jüngste Buchpublikationen im VS-Verlag: Die kompakte Stadt der Zukunft (2017) und Inclusive City (2015).

Autorenverzeichnis

Dr. Nina Berding Universität Siegen, Deutschland

Prof. Dr. Wolf-Dietrich Bukow Universität Siegen, Deutschland

Andreas Feldtkeller Tübingen, Deutschland

Prof. Dr. Tilman Harlander Universität Stuttgart, Stuttgart, Deutschland

Dr. phil. Marc Hill Universität Innsbruck, Innsbruck, Österreich

Prof. Dr. Wolfgang Kaschuba Berliner Institut für Migrationsforschung, HU Berlin, Berlin, Deutschland

Folkert Kiepe Köln, Deutschland

Dr.-Ing. Timo Munzinger Köln, Deutschland

Dipl.-Ing. Birgit Roth Deutsches Institut für Stadtbaukunst, Frankfurt a. M., Deutschland

Prof. Dr. Wolfgang Sonne TU Dortmund, Deutschland

Dipl.-Ing. Roland Stimpel Berlin, Deutschland

Dr. Erol Yildiz Universität Innsbruck, Innsbruck, Österreich

Einleitung: Die Zukunft gehört dem urbanen Quartier

Statements zur Neuausrichtung einer urban und nachhaltig ausgerichteten Quartierentwicklung

Nina Berding, Wolf-Dietrich Bukow, Andreas Feldtkeller und Folkert Kiepe

Urbanität ist längst zu einem weltweiten Narrativ geworden und motiviert die Menschen mehr und mehr, auf urbanes Zusammenleben und die damit verbundenen neuen Möglichkeiten zu setzen. Doch hat es lange gedauert, bis dies auch in den Köpfen der Verantwortlichen angekommen ist. So wurde erst im Mai 2017 ein „Urbanes Gebiet" in die Baunutzungsverordnung (Bau-NVO) eingefügt, obwohl das urbane Narrativ längst, spätestens mit der Charta von Leipzig, auch in Deutschland akzeptiert war und seinen Platz auch im Planungsrecht hätte finden können. Aber noch immer ist nicht bewusst, dass es hier um mehr als eine neue Planungslyrik oder nette neue Konzepte geht (Rink und Haase 2018, S. 7), sondern um die Einlösung geradezu existenzieller Erwartungen für eine verbesserte und zukunftsfestere Lebensqualität in einem überschaubaren gesellschaftlichen

---

N. Berding (✉) · W.-D. Bukow
Universität Siegen, Siegen, Deutschland
E-Mail: nina.berding@posteo.de

W.-D Bukow
E-Mail: wolf-dietrich.bukow@uni-siegen.de

A. Feldtkeller
Tübingen, Deutschland
E-Mail: a.feldtkeller@kabelbw.de

F. Kiepe
Kanzlei Becker Büttner Held, Köln, Deutschland
E-Mail: folkert.kiepe@bbh-online.de

© Springer Fachmedien Wiesbaden GmbH, ein Teil von Springer Nature 2020
N. Berding und W.-D. Bukow (Hrsg.), *Die Zukunft gehört dem urbanen Quartier*, https://doi.org/10.1007/978-3-658-27830-4_1

Raum. Deshalb geht es hier und heute um das urbane Quartier als Kern jeder Stadtgesellschaft.[1]

Das Narrativ verspricht die Verknüpfung von Arbeiten, Wohnen und Versorgung in einem praktikablen und alltagstauglichen Lebensumfeld. In der Praxis wird allerdings offensichtlich, dass die Vorstellungen von einem funktional gemischten, soziokulturell offenen, überschaubaren und nachhaltigen Stadtraum, so attraktiv sie einerseits für das Alltagsleben erscheinen, sich doch mit der seit Jahrzehnten etablierten Ordnung reiben. Deshalb ist zu befürchten, dass sich die gewollt gleichrangige Verknüpfung von Arbeiten, Wohnen, Versorgen und öffentlichem Raum – auch mit dem neuen „Urbanen Gebiet" – weiterhin eher eine Ausnahme bleibt.

Wo das urbane Narrativ dank veränderter Lebensumstände zu einem alles bestimmenden Leitmotiv, zu einem Recht auf Stadt geronnen ist und die damit verknüpften Erwartungen längst dezentral und grundsätzlich in jedem Quartier von *global cities* bis zu kleinen Standorten im verstädterten Umland realisierbar sind, da wächst der Druck zur Umgestaltung der Ordnung der Stadt. Ein neuer Anstoß kommt inzwischen aus dem Trend in der Bevölkerung weg von der grünen Wiese und zurück in die Städte mit ihren kurzen Wegen zwischen den verschiedenen Nutzungen zu ziehen. Hier rückt das Quartier als entscheidender Referenzrahmen für eine sozialadäquate, inklusive und nachhaltige Stadtentwicklung mit weniger Autoverkehr und mehr Mobilität im „Umweltverbund" in den Mittelpunkt: Das urbane Narrativ wird dank veränderter Lebensumstände zu einem bestimmenden Leitmotiv, zu einem Recht auf Stadt.

Mit den damit verbundenen Erwartungen wird der Druck zur dezentralen Umgestaltung der Ordnung von *global cities* bis hin zu den dispersen Standorten im verstädterten Umland deutlicher. Nun kommt es konkret darauf an, die Möglichkeiten, die das Quartier für ein dichtes, gemischtes und inklusives Zusammenleben bietet, zu identifizieren, zu systematisieren und die städtebauliche Planung auf die neuen Bedürfnisse der Menschen auszurichten. Schon gibt es hier und da interessante Versuche, die Ordnung unserer Städte Schritt für Schritt „umzumodeln". Hier gilt es anzuknüpfen, auch um verlorengegangene Erfahrungen zum gesellschaftlichen Zusammenhalt – insbesondere im Umgang

---

[1] Rink, Dieter; Haase, Annegret (Hg.) (2018): Handbuch Stadtkonzepte. Analysen, Diagnosen, Kritiken und Visionen. Stuttgart: UTB; Barbara Budrich.

mit dem öffentlichen Raum – wieder aufzugreifen und experimentierend nach modernen technologischen, sozialen und kulturellen Möglichkeiten der Umsetzung zu suchen. Dies muss Quartier für Quartier geschehen. Erst dann werden wir sehen, was entstehen kann, wenn Arbeiten und Wohnen, Privatheit und Öffentlichkeit, Routinen des Alltags und der Investitionen sich effizient mit kurzen Wegen (und öffentlichem Verkehr) verknüpfen.

Das vorliegende Buch bietet kurze Beiträge von Praktiker*innen und Wissenschaftler*innen aus den Disziplinen der Stadtplanung und -forschung zu den Forderungen, die aus der jeweiligen individuell-fachlichen Sicht heraus zu stellen sind, damit das Konzept einer Stadt der kurzen Wege umgesetzt werden kann: 1) in der Gestalt neuer Quartiere, 2) in neuen Beziehungen zwischen Wohnen, Arbeitswelt und öffentlichem Raum, 3) in ungewöhnlichen Arrangements des Investierens und 4) in strukturell und verkehrlich auf die Region bezogenen Zusammenhängen.

Nina Berding absolvierte das Studium der Germanistik, Romanistik und Soziokulturellen Studien (Ethnologie und Sozialwissenschaften) an der WWU-Münster, Universidad de La Rioja in Logroño und an der Europa Universität Viadrina in Frankfurt/Oder. Im November 2018 hat sie ihre Dissertation mit dem Titel „Der urbane Raum Lessingplatz in Düsseldorf-Oberbilk. Städtischen Alltag arrangieren: Eine ethnografische Studie über ganz alltägliche Konflikte im Umgang mit urbaner Vielfalt" erfolgreich an der Universität zu Köln abgeschlossen.

Prof. Dr. Wolf-Dietrich Bukow Studium der Ev. Theologie, Soziologie, Psychologie und Ethnologie in Bochum und Heidelberg. Gründer der Forschungsstelle für Interkulturelle Studien (FiSt) sowie des center for diversity studies (cedis) an der Universität zu Köln. Zuletzt Inhaber einer Senior-Forschungsprofessur am Forschungskolleg der Universität Siegen (FoKoS) mit den Schwerpunkten Mobilität, Diversität und Regionalentwicklung. Jüngste Buchpublikationen im VS-Verlag: Die kompakte Stadt der Zukunft (2017) und Inclusive City (2015).

Andreas Feldtkeller, geb. 1932, ist Architekt und Stadtplaner (Dipl.-Ing.). Er war von 1972 bis 1997 bei der Universitätsstadt Tübingen Leiter des dortigen Stadtsanierungsamts mit Aufgaben in der erhaltenden Erneuerung der historischen Altstadt und dem Umbau ehemaliger Kasernenareale zu neuen dichten Quartieren, in denen sich Wohnen und Gewerbe kleinräumig und eng gemischt entwickeln können. Verschiedene Buchveröffentlichungen.

Folkert Kiepe Ab 1978 in verschiedenen Funktionen bei der Stadtverwaltung Köln, im Rechtsdezernat (öffentliches, insbes. Bau- und Planungsrecht), als Referent beim Oberstadtdirektor und als Dezernatsjurist beim Beigeordneten für Stadtentwicklung und Umweltschutz. Seit März 1985 beim Deutschen Städtetag, zunächst als Hauptreferent, seit März 1991 als Beigeordneter für Stadtentwicklung, Bauen, Wohnen und Verkehr sowie von Mai 2004 bis August 2006 auch für Kultur verantwortlich. Von 1984 bis 1994 ehrenamtlich sachkundiger Bürger im Planungs- und im Verkehrsausschuss der Stadt Bergisch Gladbach. Ordentliches Mitglied der Deutschen Akademie für Städtebau und Landesplanung, der Akademie für Raumforschung und Landesplanung, sowie der Deutschen Verkehrswissenschaftlichen Gesellschaft. Seit Sommer 2012 als Rechtsanwalt und Partner of Counsel in der Kanzlei Becker Büttner Held mit Fragen der Stadtentwicklung und der Verkehrsplanung sowie der Finanzierung von Infrastrukturprojekten befasst. Veröffentlichungen zu Fragen des Baurechts, der Wohnungs- und Verkehrspolitik sowie der Stadtentwicklung; u. a. Mitautor und Herausgeber eines Kommentars zur Landesbauordnung Nordrhein-Westfalen, eines Kommentars zum BauGB sowie eines vierbändigen Handbuchs zur kommunalen Verkehrsplanung (HKV).

Das Quartier als Kern einer zukunftsorientierten Stadtgesellschaft

Das Quartier wird Basis zukunftsorientierter Stadtentwicklung

Wolf-Dietrich Bukow

1 Ausgangsüberlegungen

Die Stadt stellt schon immer ein eigenständiges gesellschaftliches Format dar. Je kompakter und dichter, aktiver und selbstbewusster, ja eigensinniger dieses Format praktiziert wird, umso erfolgreicher scheint dieser Gesellschaftstyp zu sein. Jedenfalls ist es der Stadtgesellschaft immer wieder gelungen, selbst hochdiversen Bevölkerungsgruppen, auch wenn sie erst seit Kurzem dazu gehören, ein aktives Zusammenleben zu ermöglichen (Mergel 2018). Daran hat auch die zunehmende Größe der Städte nichts geändert, jedenfalls insoweit es gelungen ist, das Quartier – systemtheoretisch formuliert – zur *emergenten* Basis des urbanen Raumes zu erklären und schon hier im Sinn einer Stadt im Kleinen für einen überschaubaren, flexiblen und selbstbewussten urbanen Raum zu sorgen. Wo es dem Quartier gelungen ist, die funktionale und soziokulturelle Verdichtung immer wieder neu zu akzentuieren, die Menschen für eine effektive Einbindung zu mobilisieren und so eine wirkungsvolle Responsibilität zu fördern, hat es ganz besonders an Attraktivität gewonnen. Insoweit haben die Quartiere sogar eine sozial-adäquate, eine geradezu „anthropogene" Qualität entwickelt. Im Guten wie im Schlechten gilt: Was früher die Stadt ausmachte, das stellt heute das Quartier dar, das jetzt als kleinster urbaner Raum an die Stelle einer oft genug unübersichtlich gewordenen Stadtgesellschaft tritt. Das Quartier ist damit längst zu einem alles entscheidenden Referenzrahmen für eine zukunftsorientierte

W.-D. Bukow (✉)
Universität Siegen, Siegen, Deutschland
E-Mail: wolf-dietrich.bukow@uni-siegen.de

© Springer Fachmedien Wiesbaden GmbH, ein Teil von Springer Nature 2020
N. Berding und W.-D. Bukow (Hrsg.), *Die Zukunft gehört dem urbanen Quartier,* https://doi.org/10.1007/978-3-658-27830-4_2

Stadtentwicklung avanciert. Deshalb kommt es heute schon im Quartier auf eine gut platzierte und verankerte Bevölkerung an. Wo Städte entsprechend erfolgreich waren und wo die Quartiere eine „anthropogene" Qualität entwickelt haben, da hat sich die Stadt immer wieder als kompakte Gesellschaft durchgesetzt, nicht als bloße Verwaltungsgröße oder als Kleinausgabe eines Nationalstaates, sondern als ein eigenständiges gesellschaftliches Format, das den gesamten Lebenszusammenhang der die Stadt umfassenden Bevölkerung betrifft. Und das gilt mehr denn je: Eine in diesem Sinn selbstbewusste Stadtgesellschaft kann im Zusammenspiel von gesellschaftlichen Strukturen und einer aktiven Bevölkerung an der Qualität ihrer Quartiere durchaus erfolgreich arbeiten. Es ist dann auch möglich, im Miteinander, auf der Basis der Kompetenzen der Kommune und der Kompetenzen der Bevölkerung gemeinsame Interessen zu entwickeln und sich auf eine nachhaltige Zukunftsorientierung einzulassen. Zugleich hat man Möglichkeiten in der Hand, sich gegenüber externen Zumutungen, wo einzelne Aspekte aus der Stadtgesellschaft herausgebrochen und eigenständig vermarktet werden wollen, wo von Neoliberalisten und Investoren bis zu Nationalisten auf die Städte Druck ausgeübt wird, zu verteidigen.

2 Entscheidend ist, die Stadt als ein eigenständiges gesellschaftliches Format zu würdigen

Stadtentwicklung ist schon lange ein Thema. Es ist nicht erstaunlich, wenn dabei sehr unterschiedlich vorgegangen wird. Erstaunlich ist hier freilich, wie oft dabei die Stadt als eigenständiges gesellschaftliches Format ignoriert wird, obwohl sie genau dann, wenn sie sich so verstanden hat, am erfolgreichsten war. Erst in letzter Zeit findet hier eine erste schrittweise Umorientierung statt. Bei der Definition konkreter Schritte für eine erfolgreiche Stadtentwicklung gehen viele Kommunen in letzter Zeit deutlich sensibler vor als früher. Vielen Kommunen ist zumindest bewusst geworden, dass man sich eigentlich erst einmal Klarheit darüber verschaffen müsste, was eigentlich Stadtgesellschaft bedeutet, um sich effektiver aufstellen zu können, und wie man sich von dort aus strategisch ausrichten soll, bevor ein Leitbild formuliert oder neue Flächennutzungspläne oder spezielle Stadtentwicklungskonzepte entworfen werden können. Was aber immer noch fehlt, ist das Bewusstsein, dass man weit mehr als eine Verwaltungseinheit darstellt, dass man vielmehr als Repräsentant einer Stadt im Sinn einer Stadtgesellschaft für ein gesellschaftliches Ganzes arbeiten muss.

Die Kommunen, die Verwaltung genauso wie engagierte KommunalpolitikerInnen, sehen allmählich, dass ihnen Vorstellungen darüber fehlen, was eine Stadt als Stadtgesellschaft ausmacht. Sie spüren, dass hier eine Lücke klafft. Aber selbst wenn diese Lücke erkannt wird, begnügt man sich dann doch wieder damit, die für eine Gesamtsicht erforderlichen Vorstellungen und Ideen, die notwendigsten theoretischen Orientierungsmuster irgendwie auf dem globalen Markt „auszuleihen", statt sich z. B. auf die eigene Stadtgeschichte, auf eigene Quartiererfahrungen zu besinnen, wo es ja im Guten wie im Schlechten immer um urbanes Zusammenleben, also um komplexe gesellschaftliche Erfahrungen ging. Wenn man sich aber im globalen Markt Ideen oder Vorstellungen ausleiht, dann findet man keine entsprechenden stadtgesellschaftlich orientierten Konzepte, sondern in der Regel nur technologisch oder ökonomisch oder touristisch oder anders einseitig zentrierte, deutlich reduktionistische Ansätze. Man findet, was gerade global angesagt ist (Rink und Haase 2018, S. 482).

Das „Ausleihen" von reduktionistischen Ansätzen, der Rückgriff auf gerade attraktive politische Narrative ist schon lange Mode. Auch deren Problematik ist eigentlich vertraut. Viele Städte haben erleben müssen, wie die soziale und ökologische Qualität der Stadt schrittweise zerstört wurde. Ihnen ist längst deutlich, dass die überkommenen kommunalen Gestaltungsmöglichkeiten mangels Eigenbewusstsein sträflich vernachlässigt wurden. Es war offensichtlich ein Fehler, z. B. einseitig auf den Neoliberalismus zu setzen, der versprochen hat, die immer wieder auftretenden Verwerfungen durch privates Engagement zu kompensieren, was der Stadt nicht nur geschadet hat, sondern die Stadtgesellschaft auch extrem teuer zu stehen gekommen ist und zudem immer wieder weitere Kosten bedeutete. Die Privatisierung kommunaler Bauvorhaben und des kommunalen Wohnungseigentums sind nur zwei weitere Beispiele von vielen. Sobald sich ein Handlungsbedarf auftat, war man sofort bereit, theoretische Orientierungsdefizite durch gerade attraktive politische Narrative zu füllen und auf diese Weise auf der Basis der gerade zuhandenen kommunalen Eckdaten die weitere Stadtentwicklung zu finalisieren. Dafür gibt es unglaublich viele Beispiele, angefangen bei den hiesigen Städten, so z. B. in Köln-Ehrenfeld, wo ein Investor den ganzen Stadtteil aufkauft, bis hin zu globalen Städten, wo eine Stadt wie New Orleans nach der Zerstörung durch „Katrina" zu einer afroamerikanerfreien Tourismusmaschine (Moskowitz 2017) transformiert worden ist.

Tatsächlich ist hier aber nicht nur mehr Sensibilität, sondern ein Perspektivenwechsel erforderlich. Dass es um einen Perspektivenwechsel geht, das wird nach einem gut 50 Jahren andauernden Kampf der Zivilgesellschaft für eine menschlichere Stadt allmählich deutlich (Ronneberger 2019, S. 4). Noch wird dieser Kampf von den Kommunen immer noch nicht wirklich ernst genommen und nicht nur als ein Lehrstück sondern zugleich auch als Beispiel für eine sich allmählich als Stadtgesellschaft verstehende Stadtgesellschaft gewürdigt. Noch wird die Zivilgesellschaft eher als ein Fremdkörper gesehen, der allenfalls paternalistisch und von Fall zu Fall einbezogen wird. Bislang hat das zunehmende Auftreten von Konflikten, Problemen und Verwerfungen für die Kommunen noch zu wenig an dem Kerndefizit geändert, nämlich, dass es einfach an einem Konzept mangelt – an einem Konzept, das sagt, was eine urbane Wirklichkeit – genauer: was eine Stadt im Kern ausmacht. Ein Perspektivenwechsel bedeutet, die Stadt als eine Gesellschaft zu würdigen und die Säulen, die eine moderne Gesellschaft ausmachen, in der Stadt und hier schon im Quartier als kleinster gesellschaftlicher Einheit zu realisieren.

Es sind freilich nicht nur die Kommunen, die sich hier in der Debatte über die Stadtentwicklung immer noch inadäquate Konzepte „ausleihen", sondern es sind oft genug auch saturierte Bevölkerungsgruppen, die durch globale politische Ereignisse verunsichert werden und diese Verunsicherung nun im urbanen Zusammenleben ausleben. Ein besonders krasses Beispiel dafür sind die Versuche der AfD und anderer rechtsextremer Gruppierungen die urbane Situation nationalistisch, und – wie im Fall von Chemnitz am 28.08.2018 und danach – sogar faschistisch zu interpretieren und rassistisch zu exekutieren. Es geht hier nicht nur darum, dass sich nach der Wende in solchen Städten die Vorstellung breitgemacht hat, eine Stadt sei so etwas wie ein kleiner Nationalstaat. Es geht auch darum, dass sich hier das Bild eines von nationalistischen Erzählungen geprägten Alltagsverständnisses durchgesetzt hat, das zu mit den nationalsozialistischen Traditionen korrespondierenden „Aufräumaktivitäten" ermutigt. Die Städte müssen sich also nicht nur als Stadtgesellschaften sehen, sondern sie müssen hier auch ganz entschieden für die Qualitäten dieser Gesellschaft eintreten.

Eine zukunftsorientierte Stadtentwicklung ist ohne eine eigenständige, konzeptionell ausdifferenzierte Perspektive nicht vorstellbar. Und Ersatzlösungen helfen auch nicht weiter. Solange man nicht eine Vorstellung davon entwickelt, was eine Stadt eigentlich ausmacht und solche Vorstellungen entsprechend akzentuiert (Roth et al. 2018, S. 3), also einen klaren und eindeutigen, sinnstiftenden Referenzrahmen skizziert, solange wird man keinen nachhaltigen Erfolg haben. Es kommt auf eine Konzeption an, die aus Alltagserfahrungen gewonnen worden ist und die bei dem anknüpft, was eine Stadt schon immer an Möglichkeiten verspricht. So hat es schon Henry Lefébvre vor 60 Jahren formuliert (Steets 2008, S. 396). Nur so wird jemals so etwas wie die vom Umweltbundesamt 2017 skizzierte „Stadt für morgen" Wirklichkeit werden (Bibri 2018 S. 2 ff).

3 Eine Debatte über die Stadt im Sinn eines eigenständigen Formats ist überfällig

Die hier alles entscheidende Frage ist die Frage danach, was eine Stadt ausmacht. Die Stadt ist eine tatsächlich uralte historische gesellschaftliche Erfindung, die schon immer dazu dient, das alltägliche Zusammenleben unterschiedlichster Menschen auf der Basis urbaner Alltagsroutinen im Rahmen einer situationsspezifischen Arbeitsteilung zu ermöglichen und so zu optimieren, dass damit auch generell ein „wohlgeordnetes", „zeitgemäßes" Zusammenleben möglich ist. Das Ziel dieses hoch ambitionierten Gesellschaftsformates „Stadtgesellschaft" war und ist zuerst einen urbanen Raum zu schaffen, in dem ökonomische Produktivität und gesellschaftliche Reproduktion für eine letztlich zufällig zusammengewürfelte Bevölkerung gleichermaßen gesichert ist. Im Mittelpunkt steht dem entsprechend ein diversitätssensibles Zusammenleben ohne Rückgriff auf verwandtschaftliche Bindungen allein auf der Basis formaler Regeln, die durch Verwaltung und Dokumentation definiert werden und damit „wohlformatiert" erscheinen.

Dazu hat die Stadtgesellschaft eine Gesellschaftskonstruktion erfunden, die auf drei Säulen basiert und auf formale Rationalität setzt. Ganz knapp formuliert hat sie *erstens* transindividuelle Institutionen, nämlich Systeme (Arbeit, Markt, Recht, Bildung, Verwaltung usw.) entwickelt, die den jeweiligen Gegebenheiten entsprechend immer wieder neu abgestimmt werden mussten, um die *Inklusion* der Bevölkerung im Blick auf ihre Bedürfnisse (*needs* wie Arbeiten, Wohnen, Versorgung, Gesundheit, Bildung, Kultur und Religion) zu sichern. Die Stadtgesellschaft hat *zweitens* alle individuellen Aspekte lebensweltlich umhegt. Pointiert formuliert war die Absicht, alle die subjektive Seite der Bevölkerung betreffenden Aspekte zu individualisieren, um ein pragmatisch fundiertes Zusammenleben der *„Vielen als Viele"* vor einem formalen, unpersönlichen, quasi subjektfreien systemischen Hintergrund zu erlauben. Gleichzeitig ermöglicht das die erforderliche *soziale Integration* im individuellen Kontext zu garantieren. Und sie hat *drittens* einen alles überwölbenden Herrschaftsapparat etabliert, wobei sie erst sehr spät gelernt hat, die anfangs dominierende religiöse Überhöhung der Gesellschaft am Ende durch eine kritische Öffentlichkeit und die Zivilgesellschaft zu ersetzen und damit eine breite, bevölkerungsnahe Beteiligung im Sinn von Partizipation zu erlauben. Die Stadtgesellschaft ist immer dann erfolgreich gewesen, wenn es gelungen ist, einer hochdiversen Bevölkerung das Zusammenleben in einem kompakten und dichten Raum zu ermöglichen und diesen trotz allem überschaubar, übersichtlich, flexibel und einigermaßen fair zu handhaben.

Heute geht es mehr denn je darum, auf eine funktionale und soziokulturell sozial-adäquate Verdichtung und die notwendige Responsibilität zu achten, um Fairness und Gerechtigkeit pflegen zu können. Wenn man davon ausgeht, dass der urbane Raum heute oft genug zu einer Großstadt, wenn nicht gar zu einer Mega-City angewachsen ist und dass der urbane Alltag längst zu einem wie selbstverständlich gehandhabten Fußabdruck globalgesellschaftlicher Wirklichkeit geronnen ist, dann wird deutlich, um welche Herausforderungen es sich im Blick auf die Struktur des Stadtraumes und dessen Flexibilität handelt. Und wenn man zudem die weiter radikal zunehmende Mobilität und Diversität der Stadtbevölkerung mit bedenkt, die immer kürzere Verweildauer und die immer heterogenere Zusammensetzung der Bevölkerung mit einbezieht, dann wird klar, wie wichtig heute besonders die dritte Säule, die Zivilgesellschaft ist. Und es wird klar, dass es ganz entschieden darauf ankommt, sie als einen nicht nur inklusiven, sondern geradezu *substantiellen* Bestandteil von Stadtgesellschaft zu betrachten, und sie immer wieder gezielt zu mobilisieren. Selbst wenn die Stadtgesellschaft also ein unglaubliches Erfolgsmodell ist, so sind die damit nur kurz angedeuteten aktuellen Herausforderungen erheblich.

Alltägliches Zusammenleben
- Diversitätssensible urbane Routinen
- situationsspezifische Arbeitsteilung

Stadtge-sellschaft

Lebensweltliche *Integration*
gleichgestellte Lebensstile •
respektierte Diversität •
unterstützte Communities •

Systemische *Inklusion*
- fair und für alle
- diversitär
- lokal-fußläufig-überschaubar

Responsibilität durch
zivilgesellschaftliche Partizipation
- auf der Basis von Betroffenheit
- öffentlicher Diskurs auf Augenhöhe

Aus aktueller Perspektive sind es also drei Gesichtspunkte, die bei einer erfolgreichen Stadtentwicklung besonders wichtig erscheinen: *Erstens* ist es wichtig, auf eine kleinräumige funktionale Mischung und soziokulturelle Vielfalt zu achten, weil das am ehesten den Bedürfnissen und den Alltagsmöglichkeiten des Einzelnen entspricht. Man kann das als eine sozial-adäquate, also „*anthropogene*" Verdichtung beschreiben. *Zweitens* muss immer wieder eine wechselseitige Rückkopplung *(„Responsibilität")* zwischen der Kommune und der Einwohnerschaft sichergestellt werden, was etwas anderes als eine bloße Beteiligung bzw. Partizipation darstellt. Und *drittens* muss der zunehmenden Unübersichtlichkeit der Stadtgesellschaften durch eine an Nachhaltigkeit und Re-Urbanisierung orientierte selbstbewusste, ja „eigensinnige" Stadtentwicklungsdebatte entgegengetreten werden. In dem obigen Schema 1 soll das kurz zusammengefasst werden, wobei die angeführten drei Säulen der Stadtgesellschaft noch einmal durch wichtige Eigenschaften genauer illustriert werden.

4 Das Quartier wird zur entscheidenden Basis für eine nachhaltige Stadtentwicklung

Wie kann vor diesem Hintergrund heute eine erfolgreiche Stadtentwicklung gelingen? Sie muss am konkreten urbanen Raum ansetzen, hier an einem Raum, der eine entsprechende funktionale wie soziokulturelle, sozial-adäquate *Verdichtung* und eine aktive *Responsibilität* in einer überschaubaren Weise, in der angesprochenen *anthropogenen* Form ermöglicht. Damit erweist sich das einzelne Stadtquartier, ein in sich konsistenter Stadtteil bzw. ein Teilort innerhalb eines Gemeindeverbundes als die alles entscheidende kleinste Einheit für eine nachhaltige Stadtentwicklung. Das Quartier stellt längst den Möglichkeitsraum dar, den zu anderen Zeiten eine Stadt insgesamt geboten hat. Man muss sich also nicht nur der Stadtgesellschaft vergewissern, sondern auch ihres emergenten Raumes, dem Referenzrahmen Quartier. Und es kommt bereits hier darauf an, für die gebotene Responsibilität zu sorgen um mögliche Irritationen im Zusammenleben angehen und klären zu können (Berding 2018).

Wer zum Einkaufen oder zur Arbeit geht, in der Verwaltung oder in einem Betrieb arbeitet, der rekurriert wie selbstverständlich auf diesen Referenzrahmen und muss darauf vertrauen, dass es schon irgendwie gut geht und das auch dann, wenn sich diese Gesellschaft erheblich wandelt. Gerade im Quartier wird völlig selbstverständlich alles alltagspraktische Handeln nach den Regeln der praktischen Vernunft gehandhabt. Diese „urbane Logik" wird dabei quasi automatisch, jederzeit und überall unterstellt und wird nur in den seltensten Fällen wirklich bewusst. Sie bleibt gewissermaßen im Nebel und wird damit auch nicht weiter reflektiert. Die urbane Logik tritt erst bei einem genaueren Hinschauen ins Blickfeld. Aber das bedeutet noch nicht so viel. Es bedeutet nur, dass im Fall des Falles erst einmal nur bewusst wird, wie massiv das urbane Zusammenleben in der Tiefenstruktur der Stadt verankert ist. Das ist auch der Grund dafür, dass sich diese Logik trotz vielfältiger Irritationen und Verwerfungen immer wieder erfolgreich gegenüber anderen Gesellschaftsformaten wie einer National- oder Feudalgesellschaft oder einer Clanorganisation zu behaupten vermag. Die Stadtgesellschaft besitzt damit ein Alleinstellungsmerkmal gegenüber anderen Gesellschaftsformaten, das sich schon am Quartier als kleinstem, emergenten urbanen Raum beweist.

Spätestens allerdings, wenn es darum geht, erhebliche Irritationen und Verwerfungen anzugehen oder gar darum, eine gezielte Stadtentwicklung zu betreiben, wird diese Selbstverständlichkeit der urbanen Logik zu einem Problem. Jetzt stellt sich nämlich die Frage, wie man sich dieses Referenzrahmens versichern kann und wie sich die bislang völlig selbstverständlich erwarteten immer wieder neuen Möglichkeitsräume gezielt mobilisieren und wohlbedacht für eine erfolgreiche, zukunftsorientierte Stadtentwicklung einsetzen lassen. Angesichts der aktuellen Entwicklungen geht es vermehrt darum, sich der Herausforderungen ganz anders bewusst zu werden und mehr denn je aus Fehlern und Fehlentscheidungen zu lernen.

In solchen Fällen ist es geboten, noch ein weiteres, ein drittes Mal hinzuschauen und nicht nur den Nebel zu lüften, also sich bewusst zu werden, dass es eine urbane Eigenlogik gibt, sondern auch die nun sichtbar werdende Logik der Stadtgesellschaft verstehen zu lernen, also die Stadtgesellschaft gewissermaßen aus ihrer kleinsten Einheit heraus, aus der Quartierperspektive heraus zum Sprechen zu bringen. Schaut man sich an, was die Menschen *hier und heute* bewegt, so muss man nicht nur damit klarkommen, dass ein urbaner Alltag in der Regel gänzlich routiniert abläuft, sondern auch, dass das, was sich bei genauerem Hinschauen ergibt, zwar eine urbane Logik durchschimmern lässt, aber längst noch nicht wirklich die aktuellen Herausforderungen transparent zu machen vermag. Der „Dauerablauf des Alltags" ist pragmatisch bestimmt und wird eher fraglos gelebt. Es sind die basalen Verwerfungen im Dauerablauf des Alltags, die hier den entscheidenden Impuls liefern. Sie lassen das Zusammenleben im urbanen Raum, im Quartier ins Stocken geraten und liefern damit die Impulse, die für die Stadtgesellschaft entscheidend sind und die eine Stadtentwicklung tatsächlich voranbringen dürften.

Ein drittes Mal hinzuschauen, meint nicht, sich nur noch intensiver der urbanen Tiefenstruktur zu vergewissern, sondern bedeutet das konkrete Alltagsleben in seiner quartierfundierenden sozialen Dynamik in den Blick zu nehmen. Es geht um die konkrete Realisierung der gesellschaftlichen Wirklichkeit im urbanen Raum, in einem gelebten und damit in einem für den einzelnen überschaubaren Zusammenhang aus globalgesellschaftlicher Wirklichkeit. Damit rückt das Quartier, das im Rahmen des exponentiellen Anwachsens der Stadtgesellschaften als die kleinste Einheit von Stadtgesellschaft entstanden ist, auch planerisch, reflexiv, alltagspolitisch ins Blickfeld.

- Spätestens mit dem Blick auf die Irritationen wird klar, dass das Quartier als Referenzrahmen sozial adäquat ist, weil das Quartier heute das ist, was gestern noch eine Stadtgesellschaft insgesamt ausmachte. Im Quartier lässt sich heute *anthropogen* adäquat, in einem *menschengerechten Maßstab* realisieren, was gestern die Stadtgesellschaft insgesamt versprach[1]. Das Quartier ist zum entscheidenden Handlungs- und Diskursfeld avanciert. Es ist tatsächlich nicht nur die „kleinste" lebende Einheit, sondern auch das alles entscheidende „lebende" urbane System.
- Das Quartier steht als der kleinste, aber zugleich auch basale, lebende Raum in einem urbanen Feld. Die vor Ort in das Blickfeld rückenden Irritationen, Störungen, Konflikte und Verwerfungen ereignen sich im lokalen Raum, im konkreten Lebenszusammenhang der Bevölkerung, repräsentieren aber gleichzeitig auch den gesamtstädtischen Kontext, sind Teil eines größeren urbanen Feldes.

Das bedeutet zusammengenommen: Die Irritationen, Störungen und Konflikte spiegeln, was lokal realisiert und im Quartier gelebt wird, zugleich aber Teil eines größeren urbanen Feldes bildet. Teils mögen solche Irritationen usw. noch routiniert hingenommen werden. Teils bedrohen sie aber auch schon den Quartieralltag – besonders, wenn ungewohnte Störungen oder Konflikte auftauchen oder wenn sich plötzlich etwas überraschend verändert, die bisherigen Alltagsroutinen erheblich unter Druck geraten. Teils mögen sie viele, teils nur wenige, teils nur zunächst Newcomer, teils zunächst nur Alteingesessene, teils nur Wohnungslose, teils nur die Reichen betreffen.

All diese Irritationen sind Impulse, die dazu motivieren, das Quartier zum Referenzrahmen für eine nachhaltige und wohlbedachte Quartierentwicklung zu machen. Hier müsste dann der urbane Diskurs ansetzen. Das Quartier wird

---

[1] „Wenn sie nach Venedig gehen und sich eine 500 bis 600 Jahre alte, unveränderte Stadt anschauen, stellen sie fest, dass alles auf den Menschen abgestimmt ist" (Schwabe 2019)

dabei zum lokalen „shared space", wo die „Viabilität" des urbanen Raums in den Mittelpunkt gestellt wird. Lokale, öffentliche „shared spaces" sind erste Anknüpfungspunkte für die Entstehung einer quartiergenerierten Öffentlichkeit.[2] Wenn routinemäßig praktizierte Handlungsmuster ihren altgewohnten Erfolg versagen, dann bieten solche „spaces" die Möglichkeit, „entsprechende Teile des Alltagswissens in den Bereich bewusster Reflexion zu heben; so lässt sich Alltagswissen zwecks Bewältigung auftauchender Probleme hinterfragen und erweitern" (Meier 2018). Dabei geht es schnell darum, dass der Alltagsablauf für die/den einzelne/n wieder machbar, gangbar, funktional und umfassend wird. Dies alles zielt mehr denn je auf einen übersichtlichen, soziokulturell und funktional gemischten Raum ab, der darauf ausgerichtet ist, fundamentale Bedürfnisse wie Wohnen, Arbeiten, Bildung, Kultur, Beteiligung gerade angesichts zunehmender Irritationen und Verwerfungen zu sichern.[2]

Es ist in diesem Zusammenhang wichtig, bei dem Blick auf das Quartier den gesamten Zusammenhang nicht aus dem Blick zu verlieren. Einerseits kommt es darauf an, alle Menschen, die in der Stadt leben, mit ihren individuellen Erwartungen und *needs* gleichermaßen zu berücksichtigen, eben auch die Newcomer und die Flüchtlinge. Denn sobald jemand in der Stadt lebt, ist auch er Teil der Stadt. Anderseits kommt es aber auch darauf an, dass das, was sich im Quartier abspielt, eben auch so etwas wie einen Fußabdruck einer globalgesellschaftlichen Wirklichkeit darstellt. Es kommt jenseits des Quartiers und des urbanen Feldes eben auch auf den individuellen wie globalen Kontext an.

- Notwendig ist deshalb in Rechnung zu stellen, dass, wenn im Quartier Irritationen usw. erlebt werden, es sich dabei nicht um irgendeine triviale Unterbrechung des Dauerablaufs des urbanen Quartieralltags bei irgendwelchen marginalen, vielleicht schlecht integrierten Bevölkerungsgruppen, sondern um Irritationen der Mitglieder einer Stadtgesellschaft handelt. Diese Mitglieder fürchten, bei der Realisierung ihrer individuellen *needs* auf Barrieren zu stoßen. Es ist wichtig, hier tatsächlich den Beteiligten zuzuhören und sie mit ihren persönlichen, individuellen Erfahrungen ernst zu nehmen, aktiv einzubeziehen, und keine Stimme zu überhören. Selbst denjenigen, die in prekären Verhältnissen leben oder denen der Staat das Recht auf Mitgliedschaft verweigert, weil sie Flüchtlinge oder was auch immer sind, muss das eingeräumt werden (vgl. auch Berding 2018).

---

[2]Damit wird eine Idee aus der Planungsphilosophie aufgegriffen und aus konstruktivistischer Perspektive für die Quartierentwicklung und Fragen einer erfolgreichen gesellschaftlichen Platzierung fruchtbar gemacht.

- Neben der individuellen Dimension ist auch die globale Dimension wichtig und mit in Rechnung zu stellen. Erst dann wird verständlich, dass Irritationen, die selbst im funktional und soziokulturell, also anthropogen verdichteten urbanen Quartier auftreten können, auch aus globalen Zusammenhängen resultieren können. Es ist dann wichtig, in diesem Augenblick die Irritationen als Anlass zu nehmen, um sich den dahinter ggf. verborgenen globalen Herausforderungen zu stellen.

Das Quartier als urbaner Raum steht im Zentrum eines urbanen Feldes, im Zentrum einer Stadtgesellschaft, die wiederum individuell wie global gerahmt wird. Es handelt sich also um eine bipolare Rahmung eines Quartiers, das die Basis der Stadtgesellschaft ist. Der Erfolg einer Stadtgesellschaft wird dann letztlich nur durch eine alle und alles umfassende tief gehende bifokal ausgerichtete Responsibilität (siehe oben das Schema 2) ermöglicht – eine Responsibilität, in der die urbanen Kompetenzen der Bevölkerung und die systemischen Kompetenzen der Kommune zusammenspielen. Und gerade Flüchtlinge, die durch jahrtausendealte Stadtkulturen geprägt sind, sind hier sicherlich gute Partner – auch um die bifokale Perspektive zu stärken.

5 Was sich am Quartier lernen lässt

Ein Blick auf die Irritationen, Probleme und Herausforderungen im Quartier wird schnell zu einer Lektion für jede zukunftsorientierte Stadtentwicklung. Die Irritationen und Verwerfungen sind meist veranlasst durch ungewöhnliche Veränderungen am Wohnungs- und Arbeitsmarkt, in den Bildungseinrichtungen und bei den kommunalen Ämtern. Oft ist es auch generell das Bild, das die Stadtgesellschaft mit ihren Geschäften und Einrichtungen heute bietet. Es sind aber auch Veränderungen, an denen auch die Bevölkerung einerseits selbst aktiv beteiligt ist, auf die aber auch globale Effekte einwirken. Hier wird schnell klar, welche Aufgaben damit auf eine Zivilgesellschaft zukommen und dass es tatsächlich dringend geboten ist, das Zusammenspiel zwischen der Bevölkerung mit ihren urbanen Kompetenzen und der Kommune mit ihren systemischen Kompetenzen im Interesse einer verbesserten Machbarkeit („Viabilität") zu forcieren. Und klar ist auch, dass hier für beide Seiten die bifokale Perspektive unverzichtbar ist. Entwicklungspfade lassen sich nur im Zusammenspiel zwischen beiden Seiten unter der Berücksichtigung lokaler Anliegen wie globaler Herausforderungen formulieren.

Abb. 1 Schön gemachte Leerstände. (Eigenes Foto)

- Selbst gewachsene Quartiere verlieren immer mehr ihre anthropogene, menschengerechte Qualität (die soziokulturelle Dichte, die funktionale Mischung, die alltägliche Übersichtlichkeit). Geschäfte machen zu, Arbeitsplätze werden ausgelagert und zwingen immer mehr Erwerbstätige zum Pendeln. Soziokulturelle Segregation setzt sich durch und ganze Kleinstädte veröden (siehe Abb. 1 – Ochtrup) während in den urbanen Zentren Wohnungen unerschwinglich werden.
- Es ist auffällig, wie sich die Bevölkerungsstruktur und von dort aus die Lebenssituation vieler Menschen verändern. Es gibt in den Städten einerseits immer mehr Singles, die zumeist ihr Auskommen haben. Sie bilden in manchen Städten sogar schon die Mehrheit. Und es gibt anderseits immer mehr junge Familien und vor allem Alleinerziehende (siehe Abb. 2 – Alleinerziehende in Nippes), die oft von Verarmung bedroht sind und in eine Kultur der Armut abgleiten.
- Die Lebensgewohnheiten verändern sich auf breiter Front. Die verkehrliche Mobilität nimmt massiv zu. Dies gilt einerseits im Blick auf großräumige Mobilität. Es gibt immer mehr Migration und die Fluktuation der Bevölkerung

Das Quartier wird Basis zukunftsorientierter Stadtentwicklung

Abb. 2 Singles jeden Alters. (Eigenes Foto)

nimmt zu. Es gibt aber auch immer mehr lokale Mobilität. Berufspendeln auch über große Entfernungen nimmt radikal zu. Heute zählen schon bis zu 60 % der Berufstätigen, zu Pendlern. Einkaufsfahrten und ein exorbitanter Wochenend- und Freizeittourismus sind hier noch gar nicht mit in Rechnung gestellt und belasten die Städte noch zusätzlich.
- Die Milieus differenzieren sich weiter aus und der urbane Raum verändert seine Gestalt. Vielfalt nimmt beträchtlich zu und manche sprechen schon von Supervielfalt. Deutlich wird es daran, dass sich die Alteingessenen, die Alt- und die Neueinwanderer, die Newcomer und Flüchtlinge den urbanen Alltag längst teilen. Das lässt sich schon am Zeitungsstand ablesen (siehe Abb. 3 Zeitungsstand). Die Ursachen dafür sind sehr vielfältig. Diese Entwicklung ist nur zu einem Teil der Einwanderung geschuldet. Eine große Rolle spielen auch die massiv zunehmenden Fernreisen und vor allem die neuen Medien. Es sind die virtuellen Medien, die neue Lebensstile, neue Moden und neue Weltbilder vermitteln und damit die breite Bevölkerung, hier Milieu für Milieu zu bislang ungewohnten und oft hochindividuellen Lebensweisen motivieren.

Abb. 3 Zeitungsstand. (Eigenes Foto)

Abb. 4 Medien werden Alltag. (Eigenes Foto)

Gleichzeitig wird diese sich weiter ausdifferenzierende Diversität weder der Bevölkerung noch der Kommune wirklich bewusst und löst deshalb immer wieder Irritationen aus. So wird der urbane Wandel, den man selbst mitträgt, zu einer Herausforderung.

- Nicht zuletzt haben sich die Bedingungen, unter denen man sich in der Stadtgesellschaft platzieren kann, in der letzten Zeit gleich zweimal radikal verändert, das erste Mal mit der Entindustrialisierung in den 70ern und 80ern des letzten Jahrhunderts und das zweite Mal mit der Digitalisierung des gesamten Alltagslebens. So hat ein beträchtlicher Wandel stattgefunden, der für weite Kreise gleich zweimal eine ganz neue gesellschaftliche Wirklichkeit bewirkt hat und Arbeiten, Wohnen und Bildung massiv verändert hat. Viele haben sich darauf bis in die Familien hinein völlig umgestellt (siehe Abb. 4 die neuen Medien werden Alltag). Andere sehen sich extrem gefordert, um überhaupt

„mitkommen" zu können. Tatsächlich werden die mit diesem Wandel verknüpften tief greifenden Veränderungen in der Produktions- und Lebensweise, in der Alltagskommunikation und in der Bildung immer wieder unterschätzt. Aber schon jetzt zwingen sie die Bevölkerung genauso wie die Kommune zu einem massiven Umdenken.

Immer wieder lösen die hier freilich nur skizzenhaft notierten Wandlungseffekte erhebliche Irritationen und Verwerfungen aus. Und allmählich wird auch erkennbar, dass sie oft miteinander zusammenhängen. Aber vor allem wird erkennbar, dass sie in der Regel keine intrinsischen Ursachen haben. Es ist nicht ursächlich das Quartier, das diese Irritationen auslöst. Das Quartier reproduziert sie freilich und macht sie erst real. Es sind nicht die Armen, Alten, Obdachlosen oder sogenannten Ausländer, die ein Quartier zu einem angeblichen sozialen Brennpunkt machen. Es ist das Quartier als emergente Einheit von Stadtgesellschaft, das im Rahmen der urbanen Entwicklung immer wieder alleine gelassen wird. Die Verwaltungen ziehen ab, die Schulen werden vernachlässigt und den Investoren wird nicht entschieden genug entgegengetreten. Es sind letztlich nicht die Berufstätigen, die absichtsvoll pendeln und so das Quartier zur Schlafstadt machen, sondern diejenigen, die absichtsvoll Arbeit und Wohnen aus ökonomischen Gründen entkoppeln.

Es ist klar, dass all das Auswirkungen haben muss auf den Dauerablauf des Quartieralltags und die Menschen, die sich mit dem Quartier identifizieren und sich hier einst u. U. sogar sehr erfolgreich platziert haben. Sie werden genötigt, zu reagieren, wenn sie mit ihren überkommenen Routinen ins Stocken geraten. Für die Menschen reicht in diesen Fällen aber eben nicht mehr aus, sich wie gewohnt immer wieder einmal umzustellen. Es gilt mit einem radikal beschleunigten gesellschaftlichen Wandel Schritt zu halten. Arbeiten, Wohnen, Zusammenleben, gesundheitliche Aspekte, kulturelle Belange, Freizeit – alles, was mit unseren alltäglichen Bedürfnissen zu tun hat, verändert sich nicht mehr kontinuierlich, sondern abrupt. Bei solchen Irritationen hilft es nicht mehr, auf „es ist schon immer gut gegangen" zu setzen. Jetzt käme es darauf an, sich grundsätzlich neu zu arrangieren, seine Handlungsperspektiven grundsätzlich neu zu bestimmen und sich entsprechend grundsätzlich neu zu orientieren. Nur ist allein schon aus sozialen, bildungsspezifischen, ökonomischen oder altersmäßigen Gründen eben nicht jeder in der Lage oder bereit, sich immer wieder aufs Neue auf einen derart massiven Wandel einzustellen und die Hintergründe zu erkennen, die letztlich die Ursachen darstellen. Die einen haben Bedenken, weil es ja sein könnte, dass sich dann ihre private, wirtschaftliche oder gesellschaftliche Positionierung verschlechtern würde. Für andere liegt es nahe, sich auf jeden Fall erst einmal auf eine Neuabstimmung in Richtung individuelles Wohlergehen zu beschränken, selbst wenn das auf anderer Leute Kosten geht. Wieder andere warten erst einmal ab oder scheren vielleicht auch gleich ganz aus. Aus dem Quartier zu lernen, das bedeutet dann tatsächlich, das Zusammenspiel zwischen den urbanen Kompetenzen der Bevölkerung einerseits und den systemischen Kompetenzen der Kommune anderseits neu zu mobilisieren. Dazu gehört nicht nur, dass sich die Bevölkerung mehr als bisher einbringt, sondern auch, dass sich die Kommunen, die bislang immer wieder die Entwicklungen leichtfertig aus ihrem Handlungsfeld und damit ihrer Verantwortung externalisiert haben oder ggf. auch dem einzelnen zugewiesen haben, selbstbewusst, ja eigensinnig neu aufstellen.

6 Abschlussüberlegungen

Die Stadtquartiere stehen im Augenblick zunehmend unter Druck. Die Stadtgesellschaft muss sich spätestens jetzt auf die Logik des urbanen Zusammenlebens und auf die Logik der Stadt als eine eigenständige gesellschaftliche Größe, wie sie in den Quartieren offenkundig ist, besinnen und von dort aus mit einer alles und alle einbeziehenden quartierzentrierten und damit integralen Stadtentwicklung reagieren. In diesem Augenblick wird besonders plastisch, was eine zukunftsorientierte Stadtentwicklung leisten muss:

Sie muss die quartierentwickelten Perspektiven aus den lokalen Debatten zu einer gesamtstadtgesellschaftlichen Entwicklungsperspektive verknüpfen, muss sie *integral* verarbeiten und aus der Perspektive der Stadtgesellschaft heraus im größeren Kontext sozial (Diversität), ökologisch (Mobilität, Umwelt, Klima), baulich-räumlich (Überschaubarkeit, Fußläufigkeit) selbstbewusst reflektieren. Erst jetzt kommen die wohlvertrauten ökonomischen und anderen Eckdaten ins Spiel, weil das so gezeichnete, selbstbewusste, ja eigensinnige, zwischen der Zivilgesellschaft und der Kommune abgestimmte Bild von der Stadtgesellschaft eben auch im größeren sozial-, wirtschafts- und gesellschaftspolitischen Rahmen *bifokal* (siehe Schema 2 oben) eingebettet werden muss.

Stadtentwicklung impliziert hier eben auch, die zivilgesellschaftliche Debatte zu mobilisieren, sich in den Umgang mit Irritationen, Problemen und Verwerfungen einzuschalten und daraus für eine vertiefte Responsibilität zu lernen. Das gelingt nur, wenn die Kommune und die Bevölkerung der Stadt sich auf die einer Stadtgesellschaft gemeinsamen Anliegen berufen können: Reorganisation der lokalen Bedingungen, unter denen die Einzelnen ihre *needs* nachhaltig und zukunftsorientiert verankern können. Die hier nötige Linie ist längst mit der Leipzig-Charta von 2007 vorgezeichnet. Allerdings geht es heute nicht mehr abstrakt und vage um die Rückeroberung der Stadt, sondern ganz gezielt um die Rückeroberung des Quartiers und vor dem Hintergrund einer globalisierten Wirklichkeit um die Durchsetzung eines Rechts auf Stadt für alle – für alle, die in der Stadt leben. Das hat nicht nur den Vorteil, dass ein überschaubarer Rahmen gesetzt wird und damit eine direkte Responsibilität möglich wird, sondern vor allem auch, dass damit eine anthropogene Qualität angesprochen und deren Viabilität eingeklagt wird. Es geht nicht darum, in einer großen Region Arbeit, Wohnen und Kultur, Versorgung usw. weitläufig zu sichern, sondern nahräumlich in einem Quartier, in einem konkreten Lebenszusammenhang, vor Ort solche Komponenten zu realisieren.

Das Ziel wäre dann, zu einem Konzept zu kommen, das die unterschiedlichen Werte der „Vielen als Viele" einerseits und der Kommune als einer zweckrationalen „Dienstleistungseinrichtung" andererseits nach der Logik der praktischen Vernunft, nachhaltig und zukunftsorientiert im Quartier überschaubar und wirksam für alle verknüpft:

1. Durchsetzung eines *Rechts auf Stadt* für alle – ein Recht auf Stadt für alle, die in der Stadt leben und die Arbeiten, Wohnen und Dienstleistungen in einem überschaubaren urbanen Raum – also strukturell gekoppelt – quartierintern oder quartiernah anstreben.
2. Erneuerung der *anthropogenen Qualität* der Stadt durch eine Rückeroberung der Quartiere: mehr Fußläufigkeit, mehr Fahrradmobilität und entschieden mehr funktionale Mischung, Arbeit und Wohnen im Verhältnis von 1:1 (gleichrangig) und wieder miteinander durch entsprechende Lenkungsmaßnahmen verknüpft.
3. Würdigung der am Quartier immer wieder neu überlegten und gelebten urbanen Möglichkeiten als Leitdifferenzen für eine Neuausrichtung von Stadtgesellschaften, ob es sich nun um traditionelle Kleinstädte im ländlichen Raum oder um aus zahlreichen Quartieren zusammengesetzte megacities handelt.

Literatur

Berding, Nina (2018): Der urbane Raum Lessingplatz in Düsseldorf-Oberbilk. Städtischen Alltag arrangieren: Eine ethnografische Studie über ganz alltägliche Konflikte im Umgang mit urbaner Vielfalt. Unveröffentliche Dissertation, Universität zu Köln.
Bibri, Simon Elias (2018): Smart Sustainable Cities of the Future. The Untapped Potential of Big Data Analytics and Context-Aware Computing for Advancing Sustainability. Cham: Springer International Publishing (The Urban Book Series).

Meier, Sabine (2018): Shared Spaces als Ortsmomente. Zur Bedeutung von kommunalen öffentlichen Räumen im städtischen und ländlichen Alltag. In: https://www.boell.de/sites/default/files/boell.brief_oer_ortsmomente_in_stadt_und_land.pdf?dimension1=ds_sharedplaces.

Mergel, Thomas (2018): Köln im Kaiserreich 1871–1918. Köln: Greven Verlag (Geschichte der Stadt Köln,/im Auftrage der Historischen Gesellschaft Köln e. V. herausgegeben von Werner Eck; Band 10).

Moskowitz, Peter (2017): How to kill a city. Gentrification, inequality, and the fight for the neighborhood. New York NY: Nation Books.

Rink, Dieter; Haase, Annegret (2018): Stadtkonzepte für Gegenwart und Zukunft. In: Dieter Rink und Annegret Haase (Hg.): Handbuch Stadtkonzepte. Analysen, Diagnosen, Kritiken und Visionen. 1. Aufl. Stuttgart: UTB; Barbara Budrich, S. 473–484.

Ronneberger, Klaus (2019): 1968 und die urbane Frage. In Dérive. Zeitschrift für Stadtforschung 74/1 S. 4–10

Roth, Birgit; Mäckler, Christoph; Sonne, Wolfgang: (2018): Stadtquartier 2020. Das gemischte Stadtquartier. Deutsches Institut für Stadtbaukunst. Dortmund.

Schwabe, Alexander (2019): Zu kalt, zu groß, zu hoch. In: Hartmut Meesmann und Doris Weber (Hg.): Städte. Suchet der Menschen Bestes 119. Oberursel (Taunus): Publik-Forum, S. 7–9.

Steets, Silke (2008): Raum & Stadt. In: Nina Baur (Hg.): Handbuch Soziologie. 1. Aufl. Wiesbaden: VS Verlag für Sozialwissenschaften, S. 391–412.

Prof. Dr. Wolf-Dietrich Bukow Studium der Ev. Theologie, Soziologie, Psychologie und Ethnologie in Bochum und Heidelberg. Gründer der Forschungsstelle für Interkulturelle Studien (FiSt) sowie des center for diversity studies (cedis) an der Universität zu Köln. Zuletzt Inhaber einer Senior-Forschungsprofessur am Forschungskolleg der Universität Siegen (FoKoS) mit den Schwerpunkten Mobilität, Diversität und Regionalentwicklung.

Jüngste Buchpublikationen im VS-Verlag: Die kompakte Stadt der Zukunft (2017) und Inclusive City (2015).

Perspektiven des urbanen Quartiers

Andreas Feldtkeller

1 Dichotomie des Städtischen

Die Art und Weise, wie Wohnen und Gewerbe in der Stadt räumlich auf einander reagieren und Stadtteile bilden, ist für den Alltag der in der Stadt lebenden Bevölkerung von entscheidender Bedeutung. Ein Blick in die Statistik zeigt: Nicht weniger als 71 % der alltäglichen Wege mit Längen bis zu einem Kilometer werden zu Fuß zurückgelegt. Schon bei Wegelängen zwischen ein und zwei Kilometern reduziert sich dieser Anteil dramatisch auf nur noch 34 %. Offensichtlich hängen also mit der Qualität der Erreichbarkeit täglicher Ziele ganze Lebensweisen zusammen. Natürlich spielt dabei neben der Anordnung der Gelegenheiten als Ziele im Raum auch eine Rolle, wie abwechslungsreich und attraktiv das Umfeld gestaltet ist, in dem sich Einzelne und Viele bewegen.

Aufschlussreich ist dazu eine Studie über die Zukunft der Stadt von 1993 mit folgender Aussage:

„Städte der funktionalen Trennung und damit hoher Dominanz des Autoverkehrs sind heute meist Städte für starke Nutzer oder auch Städte für Nutzer mit durchschnittlichen oder ‚normalen' Bedürfnissen. Schwache Nutzer, insbesondere Kinder, Jugendliche, ältere Menschen, alleinerziehende Frauen mit Kindern, Nutzer mit atypischen Lebensgewohnheiten oder Angehörige von Minderheiten stoßen (in solchen Umgebungen A.F.) auf vielfältige Hindernisse, Risiken oder gar Bedrohungen" (Zukunft Stadt 2000, S. 15 f.).

A. Feldtkeller (✉)
Tübingen, Deutschland
E-Mail: a.feldtkeller@kabelbw.de

Was die Wirkung von Siedlungsstrukturen auf den Alltag des Menschen betrifft, kann man so von einer inneren Dichotomie des städtischen (oder verstädterten) Habitats sprechen: einer Dichotomie vor allem aus dem Unterschied, ob Wohnen und Arbeitswelt überwiegend eher „fordistisch" (= funktional getrennt) oder „urban" (= funktional durchmischt) angeordnet sind.

Wer über die Zukunft urbaner Quartiere nachdenkt, muss sich also fragen, wie Politik und Planung in ihrem Denken und Handeln tatsächlich mit dieser Dichotomie umgehen. Man müsste ja davon ausgehen, dass die Öffentlichkeit sich auf die Bedeutung der Stadt als gesellschaftliches Format besinnt und danach fragt, welche Erwartungen der Menschen auf urbane Weltoffenheit im Alltag aufgegriffen werden sollen. Wenn man allerdings kritisch auf die Jahrzehnte nach dem Mauerfall zurück blickt, wird man sich wundern, wie wenig ernsthaftes Interesse diese Problematik im politischen Raum letztlich findet. Da hört sich das Plädoyer der Bundesstiftung Baukultur wie das berüchtigte Rufen im Walde an: „Die baukulturelle Herausforderung besteht darin, attraktive, lebendige und sozial stabile Wohnquartiere zu schaffen und zu erhalten. Mischung – soziale wie funktionale – ist der Schlüsselfaktor, das gemischte Quartier ist das Leitbild" (Bundesstiftung Baukultur 2015).

2   Effekte der Verfassung von Stadtteilen auf alltägliches Handeln

Fragen wir uns also, ob und wie diese „baukulturelle Herausforderung" im aktuellen praktischen Handeln ernst genommen wird. Zwar hat die Bundesregierung 2007 in ihrer Nachhaltigkeits-Strategie festgelegt, dass der „Flächenverbrauch" in der Bundesrepublik für Siedlung und Verkehr auf das Maß von maximal 30 Hektar zu beschränken ist (Umweltbundesamt 2011, S. 5). Folgerichtig heißt es heute in BauGB § 1 Abs. 5, Satz 3, die Stadtentwicklung habe vorrangig „durch Maßnahmen der Innenentwicklung" zu erfolgen. aber gerade diese so allgemein gefasste Direktive berücksichtigt leider das gerade zitierte „Leitbild" keineswegs. Tatsächlich wird das Thema Innenentwicklung leidlich ernst genommen, aber groß geschrieben wird dabei alles andere als die funktionale Mischung. Im Zusammenhang mit dem wieder wachsenden Trend zurück in die Stadt tritt allein die „soziale Mischung" wieder in den Vordergrund, aber auch erst, nachdem Bund und Länder nach einer langen Pause dafür wieder finanzielle Mittel bereitstellen. Dabei bleibt weithin ungeklärt (z. B. angesichts des obigen Zitats aus der Studie „Zukunft Stadt 2000"), ob nicht gerade die funktionale

Durchmischung aus Wohnen und gewerblicher Arbeitswelt sogar entscheidend ist für das nachhaltige Gelingen des gesellschaftlichen Zusammenhalts in den Quartieren.

Trotz einiger bemerkenswerter Ansätze, auf die man hinweisen kann, hapert es dafür in der Praxis noch erheblich an theoretischen wie handwerklichem Rüstzeug. Andernfalls müsste man längst andere als negative Folgewirkungen aus der Innenentwicklung beobachten können: im überbordenden Straßenverkehr mit viel Stau und alltäglichem Stress (siehe dazu als symptomatisches Beispiel die täglich zurückgelegten Wege für das Jahr 2002 im Land Baden-Württemberg nach Verkehrsmitteln und Altersgruppen (Abb. 1)), im Wohnungsbau, der immer noch

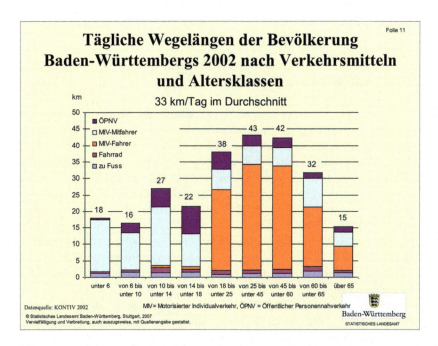

Abb. 1 Datengrundlage für die Verkehrsleistung in Personenkilometer ist die Untersuchung „Mobilität in Deutschland" aus dem Jahr 2002. Die Studie setzt die Tradition der 1976 begonnen KONTIV-Untersuchungen fort und wird deswegen auch KONTIV 2002 genannt. Mit ihr wurde das Mobilitätsverhalten von rund 25 000 Haushalten mit ca. 60 000 Personen erhoben. Ferner wurde die Erhebung mit einigen anderen, gleichzeitig durchgeführten Befragungen zu den Kraftfahrzeugleistungen und zum Fernreiseverkehr kombiniert

unabhängig von lebendigen Quartieren grassiert und damit weiter zur Spaltung von Arm und Reich beiträgt, in der unzulänglichen Teilhabe vieler Menschen am wirtschaftlichen Wachstum, in der städtebaulich noch längst nicht ausreichend gestützten Vereinbarkeit von Beruf und Familie und nicht zuletzt im Fortbestand der völlig unzureichenden Ausrichtung des Quartiers auf die Herausforderungen der Integration von Zuwanderern und Flüchtlingen.

Es gilt also, im Folgenden zu fragen, ob und wie die Kombination aus sozialer, funktionaler und gestalterischer Mischung dazu beitragen kann, in Städten und Stadtregionen die ökologischen, ökonomischen und allgemein gesellschaftlichen Defizite aus dem immer noch überwiegend angewandtem fordistischen Stadtentwicklungs-Modell zu überwinden – und welche politischen (u. a. gesetzgeberischen) Maßnahmen ergriffen werden können, um in eine effiziente stadtstrukturellen Wende zu gelangen.

3 Siedlungsräumliche Strukturen und ihre alltagsbezogenen Effekte

Offensichtlich haben wir es beim heutigen Städtebau mit einer gravierenden Fehlsteuerung der siedlungsräumlichen Zukunftsplanung zu tun. Ein Blick in den Werdegang der modernen Stadt- und Raumplanung offenbart, wie sich die Stadtplanung in den frühen 1960er Jahren einem Regime aus der räumlichen Trennung von Wohnen und Gewerbe unterworfen hat, das eine deutliche Abkehr vom herkömmlichen Städtebau beinhaltete. Es orientierte sich an der Blaupause eines Siedlungskonzepts, veröffentlicht 1957 unter dem Titel „Die gegliederte und aufgelockerte Stadt" (Göderitz et al. 1957) von der Deutschen Akademie für Städtebau und Landesplanung. Bei genauer Betrachtung ist die Baunutzungsverordnung (BauNVO) von 1962 nichts anderes als die planungsrechtliche Anwendung dieser Blaupause als Grundlage für die seitherige weitere Raum- und Stadtentwicklung der Bundesrepublik.

Wenn oft von der „Europäischen Stadt" die Rede ist (z. B. in der Leipzig Charta von 2008), dann bleibt fast immer unklar, was damit siedlungsgeografisch gemeint ist: geht es um die kompakte Stadt als Mittelpunkt einer Region, die administrative Stadt in den Grenzen ihrer Gemarkung, die Stadt in ihrer Ausdehnung durch Vororte, Satelliten, Gewerbe „parks" und „Schlafstädte" in die Region hinein? Außer Acht bleibt schon allein, dass die reale „Stadt" in all ihren Facetten dem erinnerten Bild der Europäischen Stadt (z. B. Siebel, Walter 2004) kaum mehr entspricht (s. auch Kiepe, Folkert 2018, und vgl. dazu Deutscher

Städtetag 2016). Sie ist in Wirklichkeit längst ausgeweidet durch Festivalisierung, Ghettoisierung, Kommerzialisierung, Ausgliederung vieler einst selbstverständlicher Teilnutzungen usw. (vgl. Settis, Salvatore 2015).

In der Leipzig Charta wird für eine „integrierte" Stadtentwicklungspolitik geworben. Aber die Koordinierung der betroffenen Politikfelder wird eben meist nur additiv verstanden, als ein gleichzeitig zu behandelndes Nebeneinander gedacht und nicht wirklich integrativ. Eine effiziente Integration würde dagegen voraussetzen, dass die gegenseitige Abhängigkeit der einzelnen Politikfelder untereinander bei ihren ökologischen und vor allem gesellschaftlichen Auswirkungen mit zu bedenken wäre. Aber wer ermittelt schon z. B. die gesellschaftlichen Effekte der räumlich engen Verknüpfung einer siedlungsräumlichen Mischung von Wohnen und vielfältiger Arbeitswelt und die Verluste, die aus ihrer Abschaffung resultieren?

(Kleiner Exkurs: Vielfach wird heute unter einem „gemischten Quartier" etwas verstanden, das lediglich Wohnen und wohnungsbezogenes Versorgen verbindet, die Vielfalt des Arbeitens aber ausklammert; die neuen „Urbanen Gebiete" – BauNVO § 6a – unterstützen diese Tendenz, indem sie kulturelle und soziale Einrichtungen unter die Hauptnutzungen des Abs. 1 einbeziet (was beim Mischgebiet BauNVO § 6 mit gutem Grund nicht der Fall ist), die Mischung aus Wohnen und vielfältiges Gewerbe wird damit abgewertet und der Begriff „Urbane" Gebiete irreführend gebraucht.)

Unter dem seit den 60er Jahren stadtplanerisch herrschenden fordistischen Regime gibt es die europäische Stadt mit ihrer Form einer durchaus innerstädtisch geprägten Anlage nicht mehr. Diese war ja nicht nur Versorgungszentrum oder der Sitz von Herrschaft und Kirche, sondern weitgehend unabhängig davon ein Ort, an dem sich die Vielfältigkeit des Städtischen versammelte und vor allem in öffentlichen Räumen körperlich zu begreifen und zu erfahren war.

Es geht nun darum, ob die künftige Stadt und Stadtregion sich angesichts der zuvor geschilderten Dichotomie aus Trennen und Mischen weiter nur einer dieser beiden Optionen widmen soll – oder vielmehr beiden Optionen nebeneinander (etwa im Sinne eines Patchworks oder Mosaiks), und je nachdem: in welchen Bezügen. Ist das Ziel demnach eher ein Sowohl-als-auch oder ein Entweder-oder?

Angesichts der längst eingetretenen ökologischen und gesellschaftlichen Effekte reicht es nicht, einfach darauf zu hoffen, dass im fordistischen Regime mehr Urbanität inszeniert wird. An den Städten ist es, Räume zu öffnen, in denen die Menschen nach ihren persönlichen Präferenzen zwischen fordistischen und urbanen Lebenswelten frei wählen können.

4 Aktuelle Versuche, Einseitigkeiten zu korrigieren

Obwohl diese Frage spätestens seit dem Ende „der kurzen Zeit einer allgemeinen Prosperität" der 1980er Jahre zur Diskussion steht, gibt es hierüber bisher kein allgemeines Einvernehmen. Weder Politik und Planung, noch Natur- und Gesellschaftswissenschaften bieten hierzu das erforderliche kritische Forum. Es gab zwar unmittelbar nach dem Fallen des Eisernen Vorhangs ermutigende Ansätze, die aber unter dem demografischen und migrantischen Wandel längst wieder aus der öffentlichen Aufmerksamkeit verschwunden sind. Als Beispiele wären hier zu nennen:

- die Bemühungen einzelner Kommunen, entstehende Brachen ehemaliger Gewerbe, der Bahn und der Post aufzukaufen und für neue, kleinräumig organisierte und funktionsgemischte Quartiere neu zu gestalten (ein charakteristisches Beispiel dafür war damals das Stadtentwicklungsprojekt „Stuttgarter Straße/Französisches Viertel" in der Tübinger Südstadt (Feldtkeller 2001a, b)
- die Studie „Zukunft der Stadt 2000", beauftragt und herausgegeben vom damaligen Bundesministerium für Raumordnung, Bauwesen und Städtebau und 1993 veröffentlicht (siehe dazu das Zitat oben auf Seite 1)
- der Nationalbericht der Bundesregierung zur Internationalen Konferenz HABITAT II von 1996 mit folgendem Motto: „Nutzungsmischung ist eine städtebauliche Zielvorstellung, die die funktionale Mischung von Stadtquartieren (Verflechtung von Wohnen und Arbeiten, aber auch Versorgung und Freizeit), die soziale Mischung sowie die baulich-räumliche Mischung umfasst. (…) Eine eher kleinräumige Nutzungsmischung auf Stadtteilebene kann die Voraussetzung zur Schaffung von Urbanität, zur Förderung eines Quartierslebens, zur Begünstigung urbaner Vielfalt, zum Abbau von Segregation und zur Verbesserung der Lebenssituation benachteiligter Bevölkerungsgruppen schaffen. Eng verknüpft mit den räumlichen Ordnungsprinzipien Dichte und Mischung ist das Konzept ‚Stadt der kurzen Wege' das auf die Vermeidung und Reduzierung von Verkehr zielt".

Dass aus diesen Beispielen des Aufbruchs keine reale stadtstrukturelle Wende hervorgehen konnte, liegt wohl vor allem an der Vorstellung der meisten Kommunen (verkörpert auch in den kommunalen Spitzenverbänden), man befinde sich permanent in einem gegenseitigen Wettbewerb um die besten Ideen, um Existenzgründer, steuerzahlende Gewerbebetriebe und möglichst zahlreiche Einwohner. In den Vordergrund rückte das Risiko, mit kleinräumig funktionsgemischten und dichten Quartieren fiskalische Nachteile in Kauf nehmen zu müssen. Deshalb wurde der Trend in der Bevölkerung weg von der grünen Wiese und zurück in die Stadt in den letzten Jahren auch weniger als Impuls hin zu einer Stadt der kurzen Wege betrachtet, sondern als Appell, nun möglichst viel Wohnraum auf der eigenen Markung zu schaffen und zugkräftiges Gewerbe in preisgünstigen Gewerbeflächen und neuartigen Technologieparks anzusiedeln. Das ist vielleicht auch ein Grund, warum die Leipzig Charta so zurückhaltend formuliert: *„Eine wichtige Grundlage für die effiziente und nachhaltige Nutzung von Ressourcen ist eine kompakte Stadtstruktur (...). Als besonders nachhaltig hat sich dabei das Konzept der Mischung von Wohnen, Arbeiten, Bildung, Versorgung und Freizeitgestaltung in den Stadtquartieren erwiesen".*

5 Entstehung ökologischer und gesellschaftlicher Nebenwirkungen

Nimmt man an, dass Stadt eine Realisierung von Stadtgesellschaft darstellt, dann geht es konkret darum, gestalterische Formen für den gesellschaftlichen Zusammenhalt und die Inklusion mit Fremden (und Fremdem) zu finden. Sesshaftigkeit bedeutet im Zusammenhang der Evolution betrachtet die Abkehr vom Bild des Anderen als Feind, der einem selbst das Überleben streitig macht. Sesshaftigkeit und Städtebildung setzen voraus, dass vor Ort Kooperation mit dem Fremden begriffen und angewandt wird: Siedlung und Stadt als „Company of Strangers" (Paul Seabright). Voraussetzung ist die faktische Entstehung eines gesellschaftlichen Zusammenhalts dadurch, dass Menschen sich zu einem definiert urbanen, weltoffenen Ort zugehörig betrachten.

In diesem Sinne werden die positiven Effekte künftiger Stadtquartiere im oben zitierten Nationalbericht der Bundesregierung zur internationalen Konferenz Habitat II von 1996 etwa so zusammengefasst: Nutzungsmischung ist eine städtebauliche Zielvorstellung, die die funktionale Mischung, die soziale Mischung und die baulich-räumliche Mischung umfasst. Wo sie kleinräumig auf Stadtteilebene stattfindet, kann das zu einem urbanen Quartiersleben, zum Abbau von Segregation und direkt zur Verbesserung der Lebenssituation benachteiligter Bevölkerungsgruppen beitragen (s. o.). Entscheidend für diese angestrebten Effekte scheint hier, dass Mischung anstelle von Abschottung stattfindet. Das ist der Fall im Modell jener „Innenstadt", die im Regime des Fordismus nicht mehr vorgesehen war und deshalb im Bestand der heutigen Städte und Stadtregionen auch faktisch kaum noch vorhanden ist. Sie wäre erst wieder neu zu erfinden. Wie das gelingen kann und wie verschieden die genannten(!) Mischungen sich dann tatsächlich entfalten würden, dies ist eine Frage des Ausprobierens, des vielfältigen Experimentierens und des Evaluierens.

Mit der Tendenz, den angemahnten Mischungskomplex immer wieder zu verkürzen in eine nur „soziale Mischung" schlägt noch heute die fordistische Planung in den alltäglichen Praktiken immer wieder durch: die mentale und organisatorische Schwerkraft tendiert ständig zur erneuten Entmischung. Eine interessante Warnung vor dieser Tendenz kann aus dem Desinteresse abgeleitet werden, wo es eigentlich darum gehen müsste, anstelle eines „Maßnahmen-Marathons" Nutzungsmischung in Quartieren als Moderatoren für Integration und Inklusion einzusetzen:

> *„Sprachkurs, Praktikum, Ein-Euro-Job: Wer als Flüchtling nach Deutschland kommt und bleiben will, den erwartet ein Maßnahmen-Marathon. Dabei wäre es viel wichtiger, direkt in den Job zu kommen. Die Frage, wie Flüchtlinge in Deutschland integriert werden können, wird die vielleicht wichtigste in diesem Jahr – dabei ist die Antwort ganz einfach: Am besten und am schnellsten durch einen Arbeitsplatz im ersten Arbeitsmarkt. Hier bekommen sie, sich die meisten wünschen: Ein eigenes Einkommen, Aufstiegsmöglichkeiten, intensive Sprachpraxis, Qualifizierungskurse am Abend, Unternehmer, die sich einsetzen für ein besseres Aufenthaltsrecht, Anerkennung durch die einheimische Wohnbevölkerung, die sie als Beitragszahler in die Sozialsysteme wahrnimmt und nicht als Profiteure des Systems".* (John, Barbara, Philip Martin, Flüchtlinge müssen arbeiten! Frankfurter Allgemeine Zeitung 10.01.2017).

Die hier gebrauchte Vorstellung eines Integrations-Marathons ähnelt Versuchen, die Defizite der fordistischen Stadt durch eine „Verkehrswende", eine „Bildungsoffensive" und die ehrenamtliche „Willkommenskultur" zu überbrücken. Das ist der Weg weg von der städtischen Gesellschaft mit ihren Erfahrungen aus der Diversität der Anderen und hin zur Bevorzugung abgeschotteter Gemeinschaften, die auch Möglichkeiten zur Wiederbelebung öffentlicher Räume in einer Stadt und Region der kurzen Wege verbaut.

6 Grundzüge und Messlatte urbaner Quartiere

Für die Zukunft der Stadtentwicklung ist es wichtig, zu begreifen, was wir unter einem lebendigen urbanen Quartier (im Gegensatz zu den fordistischen Monostrukturen) verstehen wollen. Es kann dafür natürlich kein starres Konzept geben, aber dennoch ist es wichtig, die wesentlichen Eckwerte zu definieren, damit das Urbane Quartier zu einer Art Prototyp für eine neue zukunftsorientierte städtische Gesellschaft werden kann. Leider wurde in den zurückliegenden Jahrzehnten seit dem Fall des Eisernen Vorhangs versäumt, hierfür die mögliche Breite unterschiedlicher Lösungen systematisch auszuloten. Im Vordergrund stand stattdessen der Streit, was zukünftig den Vorrang haben soll, der städtebauliche Fordismus oder das Schreckgespenst „Mischgebiet": Lösungen, die eine Kombination aus Beidem versucht hätten (Patchwork/Mosaik), fanden kein nachhaltiges Interesse.

Und heute ist diese Frage schon wieder überlagert durch den Ruf nach „Wohnen, Wohnen und nochmal Wohnen" – aber nicht in den Regionen, in die sich seit den 60er Jahren die Stadtflucht ergossen hatte, sondern in den Städten selbst, in denen inzwischen ihre ehemaligen „Innenstädte" längst überwiegend zu Freizeitparks umgewidmet sind.

Bei der Diskussion über die Eckwerte für das „urbane Quartier" gehen wir im Folgenden von dem Konzept des Nebeneinanders (bzw. des Sowohl-als-auch) von „Trennen und Mischen" aus. Die Entscheidung zwischen den beiden Optionen soll nicht einem Regime aus Politik und Planung anvertraut werden, sondern „den Leuten", d. h. den im Alltag Betroffenen gehören. Dazu ist es notwendig, auf der Basis von Eckwerten die Spielräume planerischer Möglichkeiten experimentierend abzustecken.

Hier nun ein Vorschlag für die Eckwerte, die dem Experimentieren zugrunde zu legen wären:

a) Wohnen und Gewerbe sollen nicht weiter wie im fordistischen Regime grundsätzlich räumlich im Hinblick auf die Vermeidung gegenseitiger Störungen oder Behinderungen getrennt werden: denkbar sind dafür sowohl Gebiete mit kleinräumiger Funktionsmischung als auch einander nahe gelegene Wohngebiete, Gewerbe- und Sondergebiete (Votum: „Produktion zurück in die Stadt" (Läpple 2018)). Der zulässige Störgrad ergibt sich dabei entsprechend der Formulierung beim Mischgebiet („das Wohnen nicht wesentlich störend").

b) die Mischung aus den beiden Hauptnutzungen Wohnen und Gewerbe soll jeweils möglichst gleichrangig vorhanden und in allgemein nutzbaren Freiräumen (insbesondere als „öffentlichen Räumen") erlebbar sein; dabei spielt die Lage von Gebäuden unmittelbar (d. h. ohne „Vorgarten") an Straßen und Plätzen mit gewerblichen oder öffentlichen Nutzungen im Erdgeschoss eine wichtige Rolle

c) die Erreichbarkeit zwischen den Nutzungen des Wohnens und der gewerblichen Betriebe kann dann im Quartier in hohem Maße auf „kurzen Wegen", überwiegend zu Fuß (Verkehr vermeidend) und in Teilen mit Mitteln des „Umweltverbunds" gewährleistet werden

d) kurze Wege zu Fuß lassen sich durch eine hohe Dichte der Gelegenheiten und durch den „menschlichen Maßstab" der baulichen Strukturen fördern.

Zur weiteren Ausformung dieser Regeln dienen weitere Übereinkünfte:

- die beiden Hauptnutzungen können sich in der Inanspruchnahme der Fläche bis zum Verhältnis 30:70 unterscheiden; andere Nicht-Wohnnutzungen (Kultur, Soziales, Sport, Freizeitnutzungen sind in dieses Verhältnis nicht mit einzurechnen
- die Zulässigkeit eines „das Wohnen nicht wesentliche Störens" mit einer Störmaß von max. 60 dB(A) 50 cm vor dem nächstliegenden offenen Fenster, jedoch nicht zu den Zeiten der allgemein geltenden Wohnruhe, täglich nach 20 Uhr und komplett an den Wochenenden und Feiertagen
- für unmittelbar benachbarte Gebäude gilt das Baurecht, wonach Gebäude einen Schallschutz entsprechend den zu schützenden Nutzungen benötigen
- die Beurteilung von Störungen erfolgt grundsätzlich nach ihrem vor Ort tatsächlich auftretenden Verhältnissen und nicht nach irgendwelchen willkürlichen Normen
- für die unterschiedliche Gestaltung der Quartiere werden immer wieder auftretende „Patterns" (Steffen 2004) im Sinne von „Ort mit Praxis" herangezogen
- und es gilt schließlich die Maxime des Wiener Verkehrsforschers Hermann Knoflacher, wonach „der Autofahrer zu seinem Parkplatz eben so große Entfernungen zurücklegt wie der Benutzer des ÖPNV zur nächsten Haltestelle.

Dies alles sind städtebauliche und verkehrliche Voraussetzungen für das Entstehen einer alltagstauglichen, kleinräumigen Nutzungsmischung. Ob die angestrebten ökologischen und gesellschaftlichen Quartierseffekte eines urbanen Quartiers dann tatsächlich eintreten, hängt allerdings zusätzlich vom Erlebnisreichtum eines solchen Gebiets als „neuer Innenstadt" ab. Monotone Bauweisen, wie sie heute vielfach bei der Schaffung von Wohnraum in den angesagten Groß- und Universitätsstädten praktiziert werden, können dafür keine maßgebenden Beispiele sein. Der öffentliche Raum lebt von abwechslungsreichen Fassaden, einer lebendigen Dachlandschaft und vor allem von vielfältigen Nutzungen in den Erdgeschossen, die sich auf die Straßen und Plätze ausrichten.

„Aus Sicht der Kommunen ist eine solche Belebung der Erdgeschossbereiche das Kriterium mit der annähernd größten Bedeutung für die Stärkung der Quartiere: 73 % halten eine belebte Erdgeschosszone für (sehr) wichtig" (Bundesstiftung Baukultur 2015, S. 65). (Einschränkend wird hier allerdings festgestellt, „dass 2014 bei einer Auswertung des Bundes Deutscher Architekten unter 6000 bundesweit erfassten Baugebieten nur ca. 150 Gebiete (= etwa 2,5 %) als gemischt geplante Flächen identifiziert wurden!" (a. o. O, S. 68 f.).

7 Ein Mosaik dichotomisch diverser Teilgebiete in der Stadtregion

Die ökologischen, ökonomischen und vor allem die ganz unterschiedlichen allgemein gesellschaftlichen Folgewirkungen des mit der BauNVO in die Stadtentwicklung eingeführten fordistischen Regimes feiern bei uns immer noch ein bemerkenswert heimliches Dasein der Nichtbeachtung. Die Mehrzahl der Menschen reflektiert allenfalls am Rande, wie sehr die gängigen Lebensweisen durch das Nicht-Beachten der Dichotomie aus kleinteiligem Mischen und großzügigem Trennen von Wohnen und Gewerbe mitbestimmt ist. Wenn betont wird, für die Baukultur sei Mischung – soziale wie funktionale – der Schlüsselfaktor, und das Mischgebiet das „Leitbild", dann bleibt leider nach wie vor völlig offen, wie dieser Schlüsselfaktor praktisch bzw. politisch in Wirkung gesetzt werden kann.

Das fordistische Regime der Trennung von Wohnen und Gewerbe hat sich mittels der Steuerung durch die BauNVO sozusagen als alleinherrschend und zielbewusst im gesamten Bereich der Siedlungsentwicklung durchgesetzt. Als Folge sind inzwischen schätzungsweise mehr als achtzig Prozent des besiedelten Bodens in Städten, städtischen Peripherien und auch im weiteren Umland durch dieses Regime geprägt. Keine der Äußerungen zum stadtplanerischen Wandel im Zusammenhang mit dem neuen „Schlüsselfaktor" hat sich meines Wissens durch eine konkrete Aussage hervorgetan, wie die Teilung des Bodens unter dem fordistischen und dem urbanen sin Regimes zukünftig geteilt werden soll.

Wenn dem fordistischen Regime vorzuwerfen ist, es habe die Siedlungsentwicklung allein für sich beansprucht, dann kann dies nicht auch wieder für die Stadt und Region der kurzen Wege gelten. Was für die Zukunft gebraucht wird, ist mindestens ein Nebeneinander (und Ineinander) des fordistischen und des urbanen Konzepts. Keines der beiden Regime wird in Zukunft einen bestimmten Anteil des verfügbaren und besiedlungsfähigen Bodens für sich beanspruchen können. Eher ist wohl an eine Art Wettbewerb zwischen den durch die gegensätzlichen Regime geförderten Lebensweisen und die gesellschaftlichen Möglichkeiten der Nachurbanisierung bestehender Siedlungsteile zu denken. Dabei wird eine mitentscheidende Rolle spielen, wie weit der Stadtumbau imstande ist, Bewohner und Betriebe anzuziehen, die sich in den jeweils begünstigten Lebensweisen vom heutigen Leben in der Stadt wie in den verstädterten Peripherien deutlich unterscheiden. Das Stichwort ist: *Nach-Urbanisierung*. Voraussetzung ist eine Abwendung vom Denken in isolierten Fachgebieten wie „Verkehrswende", „Bildungsoffensive", „Wohnungsnot", „Integrationsmarathon" usw.

Für dieses Umdenken scheinen folgende Schritte unerlässlich:

- die Erkenntnis, dass es nicht darum geht, „den Gürtel enger zu schnallen", sondern unterschiedliche Lebensweisen nebeneinander zu respektieren
- die dafür erforderlichen unterschiedlich ausgerichteten Stadtstrukturen als planerische Wahlmöglichkeiten in das Nachdenken über planerische Zukünfte aufzunehmen
- die Anpassung des planerischen (natürlich vor allem rechtlichen) Werkzeugkastens für eine effiziente Steuerung im Hinblick auf konkrete mittel- und längerfristige Ziele
- und ein von der öffentlichen Hand gestütztes und finanziell gefördertes Experimentieren mit praktikablen städtebaulichen Alternativen für die gestellte Aufgabe.

Ein griffiger erster Maßstab für Nachhaltigkeit ist bei alledem die Frage der Erreichbarkeit alltäglicher Ziele auf „kurzen Wegen". Schon dafür sind Theorie und Praxis der Planung kaum gerüstet:

> „Mobilität und Erreichbarkeit haben für die räumliche Organisation von Gesellschaft seit jeher eine höchstrangige Bedeutung. Trotzdem gibt es bislang keine anerkannte Operationalisierung von Mobilität als Nutzen-Kosten-Kriterium. Fast alle verkehrlichen Bewertungsansätze verwenden ausschließlich Indikatoren des Verkehrsaufwands (…). Die Konzepte der Stadt- und Regionalplanung haben bislang nur wenig gegen Suburbanisierung und Auto-Orientierung ausrichten können. Dies wird nicht selten damit erklärt, dass sich in diesen Entwicklungen die wahren Präferenzen der Akteure äußern würden. Darüber hinaus sei die zukünftige Siedlungsstruktur bereits vorhanden, da ihr Wandel nur durch selektives Wachstum und daher nicht erfolgen könne. Beides wird als Argument gegen eine Neuorientierung räumlicher Entwicklung und für konzeptionelle Zurückhaltung verwendet. Diese Argumentation verwechselt die Nachfrage (nach Einfamilienhaus und Autokilometern) mit den dahinter stehenden Präferenzen. Sie verkennt, dass Infrastrukturplanung und viele andere Politikfelder und Anreizsysteme noch immer Entfernung und Dispersion massiv subventionieren. Gezielte und aufeinander abgestimmte Reformen vorausgesetzt, erscheint eine Neubewertung der gebauten Strukturen, Standorte und Verkehrsangebote durch die Akteure selbst denkbar und in der Folge auch erhebliche Strukturänderungen im Siedlungsbestand" (Krug 2007, S. 37 f.).

Wir kommen zurück auf die Feststellung, allenfalls zehn Prozent des Siedlungsbestands könnten heute die Anspruch einer Stadt und Region der kurzen Wege standhalten. Die danach bestehende „Hausaufgabe" für Politik und Planung ist im geltenden Planungsrecht zwar deutlich genug ausgesprochen in der Forderung nach „einer auf Vermeidung und Verringerung von Verkehr ausgerichteten städtebaulichen Entwicklung" (BauGB § 1, Abs. 6, Nr. 9 und ähnlich ROG § 2, Abs. 3, Nr. 3). Auf die Tatsache, dass diese Hausaufgabe niemals quantifiziert wurde ist wohl auch zurückzuführen, dass es seit den frühen 1990er Jahren in der überwiegenden Menge der Möglichkeiten versäumt wurde, die Möglichkeiten (oder wenigstens die Erprobung) der Wiedernutzung von Stadtbrachen zugunsten der Stadt der kurzen Wege zu nutzen. Die Bundesregierung hätte – wie etwa bei der Einschränkung der Inanspruchnahme unbebauten Landes für Siedlung und Verkehr zweifellos die Möglichkeit gehabt, in diesem Bereich ebenfalls quantitative Marken für Länder und Kommunen zu setzen.

Aber es war noch nicht einmal möglich, in den Grundsätzen der Bauleitplanung (BauGB § 1, Abs. 5) eine Bestimmung festzuhalten, nach der auch hier „eine auf Vermeidung und Verringerung von Verkehrs ausgerichtete städtebauliche Entwicklung" eingefordert wird.

8 Planerische Blaupausen und Akteure

Stadtentwicklung hat im politischen und im wissenschaftlichen Raum keinen hohen Stellenwert.

Das erkennt man leicht in seinem Fehlen in Wahlprogrammen. Nach meinem Dafürhalten liegt genau dies daran, dass die Dichotomie des Städtischen zu leicht unterschlagen wird. Ein Beispiel ist der Hype, der heute um den Mangel an bezahlbarem Wohnraum gemacht wird, während die Zusammenhänge, aus denen dieser Mangel resultiert, aus der Diskussion ausgeklammert bleiben.

Dabei wird unterstellt, in der Bevölkerung gebe es einheitliche Bedürfnisse, die von „der Stadt" befriedigt werden müssen: z. B. das eigene Haus mit eigenem Freiraum und unbeschränkte Mobilität.

Was uns fehlt, sind siedlungsräumliche Entwicklungskonzepte, die unterschiedliche Lebensweisen (der Plausibilität halber hier als urbane und fordistische bezeichnet) ermöglichen, also die dafür erforderlichen Wahlmöglichkeiten im konkreten Stadtumbau zulassen.

Henning Krug hat dazu in seiner Dissertation „Räumliche Wahlmöglichkeiten als Effizienzkriterium für Siedlung und Verkehr: Szenarien – Modellrechnung – Vergleichende Bewertung" (Kassel 2006) eingehende modellhafte Untersuchungen vorgelegt. Er unterschiedet dabei zwischen den Szenarien „Städtenetz", „Kompakte Stadt", „Autoland", und deren Kombinationen in „Nivellierung" und „Differenzierung" mit folgendem Resumé:

> „Suburbanisierung, Autoverkehrswachstum und Stadt-Umland-Verflechtung sind nicht zuletzt Folge von mindestens 70 Jahre alten Leitbildern in Planung und Politik. Die für das Differenzierungs-Szenario (Urbane Netze im Autoland) notwendige Phase teilräumlicher (Re-) Urbanisierung setzt weder massive Planungszwänge „gegen den Markt" noch große Wachstumsschübe voraus. Notwendig ist aber die Überprüfung vieler weiterer Politikfelder, die auf Siedlung und Verkehr einwirken. Nur geänderte Anreize und Spielregeln können die laufenden kleinen Standort- und Verkehrsentscheidungen in eine neue effizientere Richtung lenken. DIe Neubewertung der Standorte und Verkehrsangebote vergrößert dabei auch die Entwicklungsmasse. Ein frühzeitiges, langsames Umsteuern vermeidet ernsthafte Krisen mit möglicherweise nicht mehr beherrschbaren Verkehrskosten" (Krug 2007, S. 46 f.).

Wie also lassen sich danach Raumstrukturen entwickeln, die Verkehr verringern und vermeiden? Hier ist ein entscheidendes Problem, dass es für die Siedlungsplanung aus dem Bereich der Gesellschaftswissenschaften keine Übereinkunft über die zu verfolgenden Ziele und die Wege dahin gibt. Auch die Verfasser der interdisziplinär erarbeiteten Studie „Zukunft Stadt 2000" von 1993 hatten sich mit dieser Frage nicht abschließend auseinander gesetzt. Hier hieß es lediglich: „Notwendig sind regionale Entwicklungskonzepte und stärker regional orientierte Planungsentscheidungen".

Diesen Sachverhalt beschreiben aktuell auch die Politologen Brand und Wissen:

> „Die entscheidenden Fragen – wie ließen sich Verkehrswege vermeiden beziehungsweise verkürzen, und wie können die wirklich nötigen Verkehrswege möglichst sozial und umweltverträglich zurückgelegt werden? – werden in der vorherrschen Debatte über eine Mobilitätswende kaum gestellt. Dies ist insofern nicht verwunderlich, als sie sich weder durch Ökoeffizienz noch durch Ökoeffektivität beantworten ließen. Ihre Beantwortung würde es vielmehr erfordern, Fragen der Mobilität in einem breiteren Kontext und unter Suffizienzgesichtspunkten zu thematisieren. Hier aber würde es ans Eingemachte der imperialen Lebensweise und der ihr zugrundeliegenden sozialen Verhältnisse und Subjektivierungsformen gehen" (Brand und Wissen 2017, S. 145 f.).

Um der Sache pragmatisch näher zu kommen soll hier einmal der Blaupause der „gegliederten und aufgelockerten Stadt von 1957 ein aktueller Entwurf gegenübergestellt werden, der die autoaffinen fordistischen Stadtgebiete in ein funktionierendes Bezugssystem („Mosaik/Patchwork") zu Quartieren der kurzen Wege bringt („Urbane Netze im Autoland" nach Hans-Henning von Winning 2007, S. 53) (Abb. 3).

Hier wird das Quartier zur entscheidende Referenzgröße für die Alltagstauglichkeit zukünftiger Stadtstrukturen.

Perspektiven des urbanen Quartiers

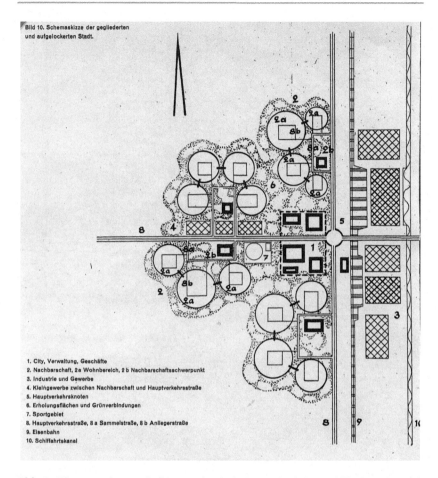

Abb. 2 Blaupause der „gegliederten und aufgelockerten Stadt" von 1958 (Göderitz et al. 1957)

Abschließend werfen wir einen Blick auf die Akteure, von denen wir uns die effiziente Verfolgung des „überraschenden" Zukunftsmodells ‚Differenzierung' (Krug) versprechen können. Was wir brauchen:

- Kommunen und Kommunalverbände, die sich nicht scheuen, Territorien, die für den städtebaulichen Umbau offen stehen, auf Vorrat zu erwerben und in

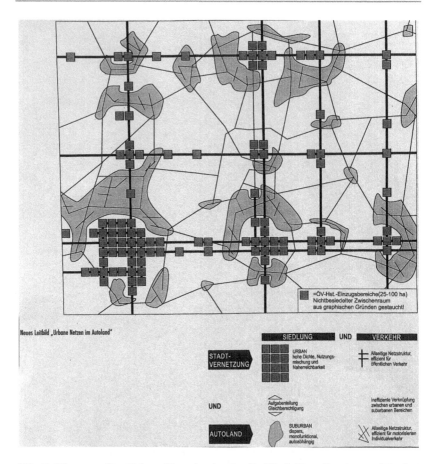

Abb. 3 Blaupause für „Urbane Netze im Autoland". (Nach Hans Hennig von Winning) 2007)

Umbauprojekte zu investieren (Städtebauliche Entwicklungsmaßnahmen nach BauGB § 165 ff./künftige „Innenentwicklungsmaßnahmen),
- Planerinnen und Planer, die den Öffentlichen Raum zum Mittelpunkt ihrer Experimente für neue urbane Quartiere machen (Rudofsky 1969; Colin Ward 1978).

- Wirtschaftsverbände und kommunale Wirtschaftsförderer, die bei der Ansiedlung innovativer Betriebe nicht nur an Gewerbegebiete und Technologieparks denken, sondern die auch die gesellschaftlichen Qualitäten Urbaner Quartiere im Auge behalten,
- Politiker, die bereit sind, das Urbane Quartier präferierende einheimische und zugewanderte Menschen an Vorhaben formellen wie informellen Planens konkret, d. h. auch mit eigenen Investitionen zu beteiligen.
- Ökonomen, die sich für einen Prozess einsetzen, in dem der Schutz der Gemeingüter Treuhändern (außerhalb von Staat und Wirtschaft) anvertraut werden, die solche Gemeingüter einerseits bewirtschaften und mit den Erlösen deren Bewahrung für kommende Generationen finanzieren (Barnes, Peter 2008).

9 Wissen, auf das zurückzugreifen ist

„Aristoteles bezeichnete den Typ praktischen Wissens, auf den wir zurückgreifen, wenn wir Dinge – ob nun im privaten oder im öffentlichen Bereich – zum Besseren verändern wollen, als *phronesis,* was so viel wie „Klugheit" bedeutet. Als *phronimus,* also als Person mit der notwendigen Klugheit, kann gelten, wer in der Lage ist, sich in Situationen, die sich nicht auf ein allgemeines Prinzip reduzieren lassen, angemessen zu verhalten. Klugheit bezeichnet dementsprechend keine theoretischen Erkenntnisse, die mit Erfahrung zu tun haben, sondern eine Form des Wissens, die in der Handlung selbst zum Tragen kommt: Es geht nicht um das Wissen des Gastronomiekritikers, sondern um das des Kochs, um das des Lehrers, nicht um das des Erziehungswissenschaftlers" (Rendueles 2015, S. 208).

Die Zukunft des urbanen Quartiers könnte so eher in einer Praxis liegen, bei der das wilde, informelle Entstehen (Hehl, Rainer 2018) ebenbürtig neben der professionalisierten Planung liegt.

Literatur

Barnes, Peter (2008), Kapitalismus 3.0 – Leitfaden zur Wiederaneignung der Gemeinschaftsgüter, Hamburg
Brand, Ulrich, Markus Wissen (2017), Imperiale Lebensweise – Zur Ausbeutung von Mensch und Natur im globalen Kapitalismus, München
Bundesstiftung Baukultur (Hg.) (2015), Baukulturbericht 2014/15 – Gebaute Lebensräume der Zukunft – Fokus Stadt, Potsdam

Deutscher Städtetag (2016), Öffentlicher Raum und Mobilität – Positionspapier, Berlin u. Köln

Feldtkeller, Andreas, (2001a), Das Quartier – Möglichkeitsraum der Bürger, in: vhw Forum Wohneigentum, Heft 8/9, 2001, Bonn

Feldtkeller, Andreas (2001b), Städtebau – Vielfalt und Integration, Stuttgart/München

Göderitz, Johannes, Roland Rainer, Hubert Hoffmann (1957), Die gegliederte und aufgelockerte Stadt, herausgegeben von der Deutschen Akademie für Städtebau und Landesplanung DASL, Tübingen

Hehl, Rainer (2018), Ausblick auf eine selbstgenerierte Stadt. Über Grauzonen zur Verhandlung neuer Möglichkeitsräume, in: Klaus Schäfer (Hg.) (2018), Aufbruch aus der Zwischenstadt – Urbanisierung durch Migration und Nutzungsmischung, Bielefeld

John, Barbara, Philip Martin (2017), Flüchtlinge müssen arbeiten!, Frankfurter Allgemeine Zeitung, 10.01.17

Kiepe, Folkert (2018), Perspektiven für die Europäische Stadt – Neun Handlungsanforderungen, in: vhw-Forum Wohnen und Stadtentwicklung, Heft 1/2018, S. 46–50, Berlin

Krug, Henning (2007), Verkehrseffizienz als räumliche Wahlmöglichkeit – Das überraschende Zukunftsmodell „Differenzierung", in: Institut für Architektur und Raumplanung (Hg.) (2007), Nachhaltige Raumentwicklung, Petersberg

Läpple, Dieter (2018), Perspektiven einer produktiven Stadt, in: Klaus Schäfer (Hg.) (2018) Aufbruch aus der Zwischenstadt – Urbanisierung durch Migration und Nutzungsmischung, Bielefeld

Leipzig Charta zur nachhaltigen europäischen Stadt (2007) – Erklärung der Mitgliedsstaaten der Europäischen Union

Rendueles, César (2015), Soziophobie – Politischer Wandel im Zeitalter der digitalen Utopie, Berlin

Rudofsky, Bernard (1969), Streets for People, a primer for Americans, New York

Settis, Salvatore (2015), Wenn Venedig stirbt. Streitschrift gegen den Ausverkauf der Städte, Berlin

Siebel, Walter (2004), Einleitung: Die europäische Stadt, in: Siebel, Walter Hg. (2004), Die europäische Stadt, Frankfurt a. M.

Steffen, Gabriele et al. (2004), Integration und Nutzungsvielfalt im Stadtquartier, Beitrag zum Verbundprojekt EVALO, Eröffnung von Anpassungsfähigkeit für lebendige Orte, Stuttgart Berlin

Umweltbundesamt (Hg.) (2011), Leitkonzept – Stadt und Region der kurzen Wege, Gutachten im Kontext der Biodiversitätsstrategie, Dessau-Roßlau

Von Winning, Hans-Henning (2007), Urbane Netze im Autoland: Zukunftsbild, Anwendung, Konsequenzen, Offene Fragen, in: Institut für Architektur und Raumplanung (Hg.) (2007), Nachhaltige Raumentwicklung, Petersberg

Ward, Colin (1978), Das Kind in der Stadt, Frankfurt a. M.

Zukunft Stadt 2000 (1993), Abschlussbericht der Kommission Zukunft Stadt 2000, herausgegeben vom Bundesministerium für Raumordnung, Bauwesen und Städtebau, Bonn-Bad Godesberg

Weiterführende Literatur

Agora Verkehrswende (Hg.) (2018), Öffentlicher Raum ist mehr wert – Ein Rechtsgutachten zu den Handlungsspielräumen in Kommunen, BBH Berlin
Bodenschatz, Harald (2014), „Die Armen rücken zusammen", Neue Lebensformen machen die Stadt attraktiver, Frankfurter Allgemeine Zeitung, 21.01.14
Bukow, Wolf-Dietrich (2018), Wandel der Urbanität. Die Wiederentdeckung des Quartiers als Raum glokal-gesellschaftlicher Wirklichkeit, in: Nina Berding et al. (Hg.) (2018), Die kompakte Stadt der Zukunft, Wiesbaden
Deutscher Städtetag (2018), Nachhaltige städtische Mobilität für alle – Agenda für eine Verkehrswende aus kommunaler Sicht, Berlin u. Köln
Enquete-Kommission Schutz des Menschen und der Umwelt – Ziele und Rahmenbedingungen einer nachhaltig zukunftsverträglichen Entwicklung (1998), Abschlussbericht, Bundestags-Drucksache 13/11200, Bonn
Feldtkeller, Andreas (1994), Die zweckentfremdete Stadt. Wider die Zerstörung des öffentlichen Raums, Frankfurt/New York
Feldtkeller, Andreas (2008), Stadt der kurzen Wege, in: Handbuch der kommunalen Verkehrsplanung, Berlin
Hilberseimer, Ludwig (1963), Entfaltung einer Planungsidee, Berlin/Frankfurt a. M,/Wien
Kohlhammer Verlag (Hg.) (2018), Kommentar Baunutzungsverordnung, Stuttgart
Krämer-Badoni, Thomas (2002), Urbanität, Migration und gesellschaftliche Integration, in: Löw,Martina (Hg.) (2002), Differenzierungen des Städtischen, Opladen
Krug, Henning (2005), Räumliche Wahlmöglichkeiten als Effizienzkriterium für Siedlung und Verkehr, Kasseler Dissertation
Läpple, Dieter, Gerd Walter (2000), im stadtteil arbeiten, Beschäftigungswirkungen wohnungsnaher Betriebe, Hamburg
Nassehi, Armin (2002), Dichte Räume. Städte als Synchronisations- und Inklusionsmaschinen, in: Löw, Martina (Hg.) (2002) Differenzierungen des Städtischen, Opladen
Werlen, Benno (1997), Gesellschaft, Handlung und Raum, Stuttgart

Andreas Feldtkeller, geb. 1932, ist Architekt und Stadtplaner (Dipl.-Ing.). Er war von 1972 bis 1997 bei der Universitätsstadt Tübingen Leiter des dortigen Stadtsanierungsamts mit Aufgaben in der erhaltenden Erneuerung der historischen Altstadt und dem Umbau ehemaliger Kasernenareale zu neuen dichten Quartieren, in denen sich Wohnen und Gewerbe kleinräumig und eng gemischt entwickeln können. Verschiedene Buchveröffentlichungen.

Stadtquartiere bauen – aus Erfahrungen lernen 10 Prinzipien

Wolfgang Sonne

Bezahlbarer Wohnraum steht heute ganz oben auf der Agenda. Alle betonen, dass nicht die Fehler der 1960er Jahre mit ihren Großsiedlungen auf der grünen Wiese wiederholt werden dürften. Das gemischte Stadtquartier im Kontext der bestehenden Stadt ist in aller Munde. Doch viele Projekte des neu entfachten Wohnungsbaubooms sind weit von einer lebendigen Stadtquartiersatmosphäre entfernt. Häufig sind die neuen Wohnanlagen zu monofunktional, häufig bieten sie nicht genügend Optionen für unterschiedliche soziale Lebenslagen, häufig sind die Wohnhäuser als Solitäre auf einer unbestimmten Fläche angelegt, häufig schaffen sie es nicht, durch ansprechende Fassaden den öffentlichen Raum zu definieren.

In vielen Projekten lebt ungewollt die Siedlungsideologie weiter: gleichartige Wohnungen, allseitige Besonnung und Belüftung, mehr Grünraum als Straßenraum. Kurz: Es fehlt das Verständnis für das, was Stadt ausmacht: die Trennung von Öffentlichkeit und Privatheit. Erst die Städte ermöglichten die Entstehung dieser getrennten Sphären, die für unsere modernen Lebensentwürfe und Wertvorstellungen so grundlegend sind. Soziologen haben dieses Phänomen mit unterschiedlichen Begriffen beschrieben. 1903 sprach Georg Simmel in seinem Vortrag „Die Großstädte und das Geistesleben" von der „Blasiertheit" des Großstädters, mit der er gleichsam seine individuellen Regungen hinter einer einheitlichen Fassade verstecken könne. Die typische Haltung des Großstädters im Verhalten sei die „Reserviertheit", die erst eine „persönliche Freiheit" der Individuen ermögliche (Simmel 1995, S. 116).

W. Sonne (✉)
TU Dortmund, Dortmund, Deutschland
E-Mail: wolfgang.sonne@tu-dortmund.de

© Springer Fachmedien Wiesbaden GmbH, ein Teil von Springer Nature 2020
N. Berding und W.-D. Bukow (Hrsg.), *Die Zukunft gehört dem urbanen Quartier,* https://doi.org/10.1007/978-3-658-27830-4_4

Die Differenzierung von Privatheit und Öffentlichkeit als Grundbedingung einer städtischen Lebensweise hat der Soziologe Hans-Paul Bahrdt in seinem Buch „Die moderne Großstadt" 1961 als „unvollständige Integration" beschrieben (Bahrdt 1961). Im Unterschied zum Land- oder Hofleben habe der Städter die Möglichkeit, unterschiedlichen sozialen Gruppen anzugehören. Daraus ergebe sich die Unterscheidung des Privaten und Öffentlichen als Charakteristikum der Stadt: „Eine Stadt ist eine größere Ansiedlung von Menschen, in der die sich aus dem Zusammenwohnen ergebenden sozialen Kontakte und Institutionalisierungen die Tendenz zeigen, entweder privat oder öffentlich zu sein" (vgl. Bahrdt 1956, S. 653). Dieser Trennung von sozialen Sphären entsprach auch eine räumliche Trennung: „Die klassische Gestalt der europäischen Stadt ist ein Ausdruck der Tatsache, dass sich das Leben in ihnen nach der Grundformel der Polarität und Wechselbeziehung von öffentlicher und privater Sphäre ordnete" (vgl. Bahrdt 1956, S. 655).

Die konstituierende Bedeutung des öffentlichen Lebens für die Stadtgesellschaft betonte der Soziologe Richard Sennett in seinem epochalen Werk über den „Verfall und Ende des öffentlichen Lebens. Die Tyrannei der Intimität", dessen amerikanische Originalausgabe 1977 erschien. Das Verwischen der Grenze zwischen Privatem und Öffentlichem sowie der Verfall des öffentlichen Lebens durch eine distanzlos übergreifende Privatheit diagnostizierte er als zentrales Kultur- und Gesellschaftsproblem seiner Zeit:

> „Die Überzeugung, wahre zwischenmenschliche Beziehungen bestünden in Enthüllungen von Persönlichkeit zu Persönlichkeit, hat auch unser Verständnis für die Zwecke der Stadt verzerrt. Die Stadt ist das Instrument nichtpersonalen Lebens, die Gußform, in der Menschen, Interessen, Geschmacksrichtungen in ihrer ganzen Komplexität und Vielfalt zusammenfließen und gesellschaftlich erfahrbar werden. Die Angst vor der Anonymität zerbricht diese Form. In ihren hübschen, säuberlichen Gärten unterhalten sich die Leute über die Schrecken von London oder New York; hier in Highgate oder Scarsdale kennt man seine Nachbarn; gewiß, es ist nicht viel los, aber dafür ist das Leben sicher. Das ist die Rückkehr ins Stammesleben" (vgl. Sennett 1983, S. 382).

Doch städtisches Leben ist mehr als vorstädtisches Stammesleben, es besteht aus der Differenzierung öffentlicher und privater Verhaltensweisen und Räume.

Dieser sozialen und kulturellen Differenzierung von Öffentlichkeit und Privatheit entspricht in der Stadt eine räumlich-bauliche Differenzierung: die Unterscheidung von Vorne und Hinten. Im Siedlungsbau sind alle Seiten gleich; im Städtebau gibt es Vorderseiten, die den öffentlichen Raum definieren, und Rückseiten, die sich einem privaten Raum zuwenden. Die Vorderseiten sind als Straßen- und Platzwände anspruchsvoll gestaltet, um den Bedürfnissen der urbanen

Öffentlichkeit gerecht zu werden. Die Rückseiten sind oftmals informell und entsprechen den individuellen Wünschen der privaten Nutzer.

Grundlegend zum Verständnis dieses Phänomens ist es, sich die wesentlichen Unterschiede zwischen der Siedlung und dem Stadtquartier vor Augen zu stellen (Abb. 1 und 2). Während die Siedlung auf eine Überwindung des Gegensatzes von Stadt und Land zielt, baut das Stadtquartier auf einer affirmativen Definition des Urbanen im Unterschied zum Ländlichen auf. Während die Siedlung ein letztlich biologisch begründetes Kolonisationsmodell darstellt, basiert das Stadtquartier auf einem kulturellen Verständnis der Konventionen des Zusammenlebens. Während die Siedlung meist sozial homogen als Nachbarschaft konzipiert ist, geht das Stadtquartier von potenzieller sozialer Heterogenität und einer Differenzierung der öffentlichen und privaten Sphäre aus. Während die Siedlung meist monofunktional Wohnen vorsieht, steht im Stadtquartier das Wohnen in einem Zusammenhang mit vielen anderen Tätigkeiten. Während in der Siedlung die Baukörper zumeist im Grünraum schwimmen, gestaltet das Stadtquartier mit den Wohnbauten am Blockrand öffentliche Räume wie Straßen und Plätze. Während die Bauten der Siedlung meist schmucklose Wände zum umgebenden Grünraum

Abb. 1 Stadtquartier: Hubert Gessner, Reumannhof, Wien, 1926

Abb. 2 Siedlung: Walter Gropius, Dammerstocksiedlung, Karlsruhe, 1928

ausbilden, wenden sich die Häuser des Stadtquartiers mit gestalteten Fassaden an die städtische Öffentlichkeit. Bautypen der Siedlung sind das Einzelhaus, die freistehende Zeile oder das Punkthochhaus; städtische Wohnbautypen sind das Stadthaus auf der Parzelle am Blockrand oder der Reformblock.

Das Verständnis für diese Differenzierung von öffentlichen und privaten Räumen gilt es wiederzugewinnen, wenn mit den neuen Wohnhäusern tatsächlich urbane Quartiere entstehen sollen. Es reicht nicht, sich mit ökologischer Nachhaltigkeit, ökonomischer Machbarkeit, funktionaler und sozialer Mischung oder den rechtlichen Rahmenbedingungen für neuen urbanen Wohnungsbau zu beschäftigen. Es muss auch untersucht werden, mit welchen städtebaulichen und architektonischen Typen von Blöcken, Häusern, Grundrissen und Fassaden das allseits gewünschte urbane Quartier erreicht werden kann (Abb. 3, 4, 5, 6, 7 und 8). Anstatt den in den letzten 100 Jahren antrainierten Siedlungsbau einfach fortzusetzen oder aufs Geratewohl wieder mit bereits mehrfach gescheiterten Versuchen zu experimentieren ist es weitaus sinnvoller, einmal genauer die bestehenden beliebten und schönen Stadtquartiere in unseren Städten zu analysieren und daraus Lehren zu ziehen (Sonne 2014a, b, 2016). Denn eigentlich ist es ganz einfach: Wenn wir Stadtquartiere wollen, müssen wir auch Stadtquartiere bauen!

Stadtquartiere bauen – aus Erfahrungen lernen 10 Prinzipien 51

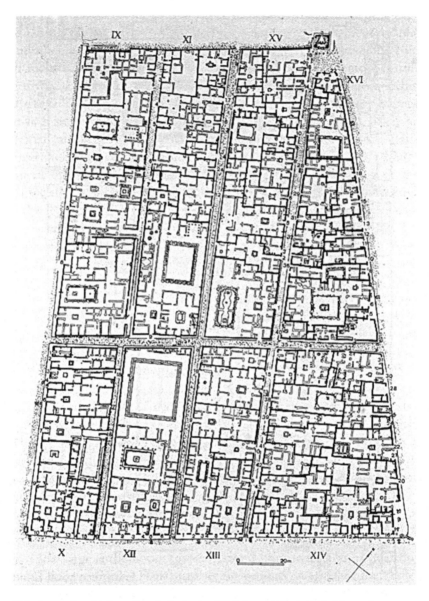

Abb. 3 Ein langfristiges Grundprinzip des Städtebaus: Private Wohnhäuser formen am Blockrand den öffentlichen Stadtraum: Antike (Pompeji)

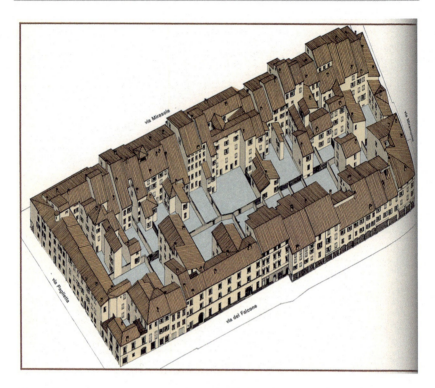

Abb. 4 Ein langfristiges Grundprinzip des Städtebaus: Private Wohnhäuser formen am Blockrand den öffentlichen Stadtraum: Mittelalter (Bologna)

1. Stadtquartiere sind Teil des feinmaschigen Straßennetzes der Stadt (Abb. 9 und 10). Stadtquartiere sind keine geschlossenen Gesellschaften, die sich vom Rest der Stadt abgrenzen. Sie sind auch keine besonderen Einheiten, die der Stadt etwas anderes entgegensetzen, wie das die Gartenstädte und Siedlungen tun. Stadtquartiere bilden sich nicht auf dem Muster von Sackgassen und autogerechten Schlaufenerschließungen, sondern von einem feinmaschigen Straßennetz, das eine vielfältige und maximale Beweglichkeit im Quartier ermöglicht. „Kurze Blöcke" lautete deshalb die Forderung von Jane Jacobs, um urbane Quartiere zu schaffen. Und: dieses feinmaschige Straßennetz der Stadtquartiere muss an das feinmaschige Straßennetz der Stadt anschließen, um Teil der Stadt und keine Sonderzone werden zu können. Alle neuen Stadtquartiere entstehen in bereits existierenden Städten – deshalb

Stadtquartiere bauen – aus Erfahrungen lernen 10 Prinzipien 53

Abb. 5 Ein langfristiges Grundprinzip des Städtebaus: Private Wohnhäuser formen am Blockrand den öffentlichen Stadtraum: Barock (Paris)

    müssen sie zu echten Stadterweiterungen, der bruchlosen Fortsetzung der Stadt mit städtischen Mitteln, werden.
2. Stadtquartiere setzen sich aus klar unterschiedenen öffentlichen und privaten Räumen zusammen (Abb. 11 und 12). Wohnsiedlungen träumen von einem homogenen Gemeinschaftsraum: entweder ist alles total privat wie in den Einfamilienhausvororten, oder alles total öffentlich wie in den Siedlungsgebieten des staatlichen Wohnungsbaus. Das Rückgrat des Stadtquartiers bilden aber – wie auch sonst in der Stadt – die öffentlichen Räume wie

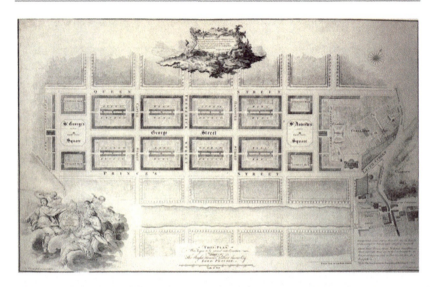

Abb. 6 Ein langfristiges Grundprinzip des Städtebaus: Private Wohnhäuser formen am Blockrand den öffentlichen Stadtraum: Aufklärung (Edinburgh)

Straßen und Plätze. Im Schatten dieser öffentlichen Räume und davon strikt geschieden entfalten sich private Räume, die fürs individuelle Wohnen zur Verfügung stehen. Nur wenn beides vorhanden ist – öffentlicher und privater Raum – kann städtisches Leben und damit ein Stadtquartier entstehen. Denn es ist die Stadt, in der die Ausdifferenzierung von öffentlicher und privater Sphäre entstanden ist, und erst diese Ausdifferenzierung und Unterscheidung macht unser individuell-liberales-gleichberechtigtes Leben möglich. Die Unterscheidung von öffentlichen und privaten Räumen im Stadtquartier bildet dafür die Basis.

3. In Stadtquartieren wird der öffentliche Raum durch die Fassaden der Häuser am Blockrand geformt (Vorne) (Abb. 13 und 14). Der öffentliche Raum in unseren Städten ist nicht nur durch den Bodenbelag geprägt, sondern auch ganz wesentlich durch die Fassaden der privaten Wohnhäuser. Wenn wir aber diese Wohnhäuser stets so denken, dass alle ihre Fenster zu einem diffusen Grünraum gehen müssen, dann kann logischerweise kein öffentlicher Stadtraum entstehen – und somit auch kein Stadtquartier. Städtebaulich bedeutet dies: Städtische Wohnhäuser wenden sich mit einer Vorderseite dem öffentlichen Raum wie der Straße oder dem Platz zu. Sie richten sich

Abb. 7 Ein langfristiges Grundprinzip des Städtebaus: Private Wohnhäuser formen am Blockrand den öffentlichen Stadtraum: Industrialisierung (Berlin)

zum Blockrand hin aus. Ob sie dies in geschlossener oder offener Bauweise, mit oder ohne Vorgarten tun, hängt vom gewünschten Charakter des Quartiers ab. Architektonisch bedeutet dies: Private Stadtwohnhäuser bilden eine öffentliche Fassade aus. Privatistische Balkonkaskaden oder blanke Lärmschutzwände sind dafür unangemessen. Eine Stadthausfassade muss derart reichhaltig und schön sein, dass sie die Straße oder den Platz adressieren und die Betrachter ansprechen kann.

Abb. 8 Ein langfristiges Grundprinzip des Städtebaus: Private Wohnhäuser formen am Blockrand den öffentlichen Stadtraum: Moderne (Amsterdam)

4. Stadtquartiere bieten vielfältige private Räume im Hof (Hinten) (Abb. 15 und 16). Wenn das Stadthaus vorne Krawatte trägt, so darf es hinten in der Jogginghose daherkommen. Aus der Orientierung der Wohnhäuser zum Blockrand ergibt sich logischerweise ein privater Hofbereich im Blockinneren. Dieser Hof bzw. diese Höfe müssen nicht wie im Siedlungsbau durchgrünt und durchwegt sein, sondern den Bewohnern für die unterschiedlichsten Dinge vom Gärtnern bis zum Werkeln, vom Wäschetrocknen bis zum Abstellen, vom Sonnen bis zum Feiern zur Verfügung stehen. Die

Stadtquartiere bauen – aus Erfahrungen lernen 10 Prinzipien 57

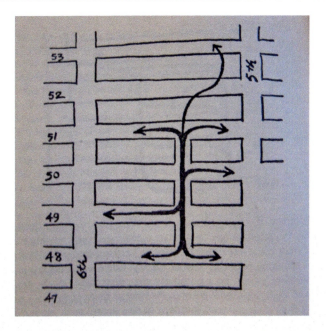

Abb. 9 Kleine Blöcke im feinmaschigen Straßennetz für das Stadtquartier: Jane Jacobs, The Death and Life of Great American Cities, 1961

Rückseiten von Stadthäusern müssen nicht nach schicker Architektenmanier durchdesignt sein – sie können sich informell den individuellen Bewohnerwünschen durch An- und Umbauten anpassen. Und diese Höfe können als Berräume dem Gewerbe vom Start Up bis zum Supermarkt einen innerstädtischen Raum geben: Fast alles, was heute noch autogerecht ins monofunktionale Gewerbegebiet verbannt wird, könnte im Hof stattfinden.

5. Stadtquartiere sind potenziell multifunktional (Abb. 17 und 18). Damit das Stadtquartier ein lebendiges Quartier mit Wohnen, Arbeiten, Einkaufen, Bilden und Erholen werden kann, muss schon das einzelne Wohnhaus Mischungen ermöglichen. Meist findet im Erdgeschoss etwas anderes statt als in den Obergeschossen; mindestens aber im Block oder in den benachbarten Blöcken des Quartiers muss alles möglich sein, was ein Stadtquartier braucht. „Potenziell" heißt: Es muss dabei nicht heute schon alles minutiös multifunktional durchgeplant sein – Nutzungsmischung und Nutzungsänderung muss aber langfristig möglich sein. „Urbane Gebiete" sollten der Normalfall werden; „Wohngebiete" und „Gewerbegebiete" sollte es nur noch mit Sondergenehmigung geben.

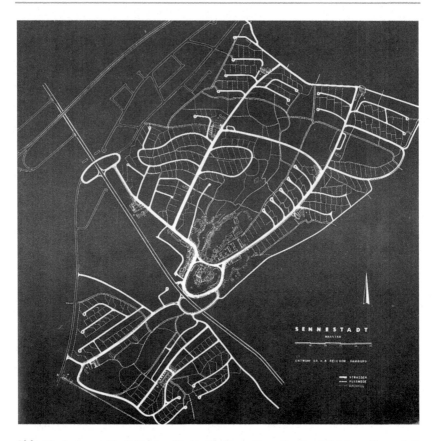

Abb. 10 Autogerechte Schlaufen für die Siedlung: Hans Bernhard Reichow, Sennestadt, 1953

6. Stadtquartiere sind potenziell sozial vielfältig und integrativ (Abb. 19 und 20). Ein Stadtquartier ist offen für Menschen unterschiedlicher sozialer Schichten, Herkunftsländer, Altersgruppen und Lebensweisen. Gated Communities oder Sozialwohnungssiedlungen sind mit ihrer fixierten sozialen Exklusivität antistädtisch. Soziale Mischung kann im Haus durch unterschiedliche Lagen und Größen von Wohnungen mit unterschiedlichen Qualitäten und Preisen etwa im Vorderhaus oder im Hofflügel, im Erdgeschoss oder im Dachgeschoss

Stadtquartiere bauen – aus Erfahrungen lernen 10 Prinzipien 59

Abb. 11 Reihenhäuser formen einen öffentlichen Raum: Städtebau

Abb. 12 Der Raum zwischen den Reihenhäusern ist weder öffentlich noch privat: Siedlungsbau

Abb. 13 Die Wohnbebauung wendet sich mit einer Fassade zum öffentlichen Raum: Städtebau

Abb. 14 Die Wohnbebauung wendet sich gesichtslos von der Straße ab: Siedlungsbau

Stadtquartiere bauen – aus Erfahrungen lernen 10 Prinzipien

Abb. 15 Die Wohnhäuser zeigen nach vorne zur öffentlichen Straße eine dauerhaft gestaltete Fassade

Abb. 16 Dieselben Wohnhäuser geben sich nach hinten zum privaten Hof formlos und wandelbar

Abb. 17 Im Stadtquartier sind alle alltäglichen Nutzungen gemischt: Verkehr und Einkaufen in der Straße, Wohnen und Arbeiten im Haus, Arbeiten und Erholen im Hof

Abb. 18 In den zonierten Gebieten sind alle alltäglichen Nutzungen getrennt: Autoverkehr auf der Autobahn, Wohnen im Wohngebiet, Einkaufen in der Shopping Mall

Abb. 19 Im Stadtquartier ermöglichen unterschiedliche Wohnungen soziale Vielfalt

Abb. 20 In der *gated community* kommt nur eine soziale Schicht unter

stattfinden. Mindestens aber muss das Quartier diverse Wohnungsarten bieten. „Potentiell" heißt auch hier, dass die soziale Mischung nicht vom Sozialplaner diktiert werden kann, sondern sich in der freien Gesellschaft ergeben können muss. Sie darf nicht durch immer gleiche Wohnungen von der Stange verhindert, sondern muss durch ein diverses Wohnungsangebot ermöglicht werden.

7. In Stadtquartieren bildet das Haus den kleinsten Baustein (Abb. 21 und 22). Der bauliche Normalfall in der Stadt ist das Stadthaus auf der Parzelle im Block – egal, ob in der Antike, im Mittelalter, in der Neuzeit oder in der Moderne; egal, ob in Westeuropa, Nordamerika, Osteuropa oder Südamerika. Wenn dagegen großflächig ganze oder mehrere Blöcke von einem Investor entstehen, bewähren sie sich im langfristigen Umnutzungsprozess der Stadt nur, wenn sie aus einzelnen Hauseinheiten bestehen. Wie bei den britischen Developments mit ihren Terraces oder den Wohnblöcken der Berliner Terraingesellschaften

Abb. 21 Das Haus auf der Parzelle kann sich den wandelnden sozialen und ökonomischen Bedingungen der Stadtentwicklung leicht anpassen

Stadtquartiere bauen – aus Erfahrungen lernen 10 Prinzipien 65

Abb. 22 Die Großstruktur ist wie ein Dinosaurier den sich wandelnden Bedingungen der Stadtentwicklung nur schwer anpassbar

ermöglichen die Hauseinheiten durch ihre Kleinteiligkeit wandelnde Besitzverhältnisse und Nutzungen. Großstrukturen, die nur als baulich-konstruktive Einheit existieren können, sind im urbanen Wandlungsprozess wie Dinosaurier: Sie sind nicht adaptabel. Der Grundbaustein der Stadt bleibt das einzelne Stadthaus – egal, ob Reihenhaus oder Geschosswohnungshaus. Die urbanste Variante bildet das Haus auf der Parzelle im Block, das eine vielfältige Besitzerstruktur im Quartier ermöglicht. Und wenn einmal ein Großentwickler unterwegs ist: Er muss die Hausregel beachten!
8. Stadtquartiere bestehen aus Stadthäusern mit langfristig nutzbaren Typologien (Abb. 23 und 24). Langfristig nutzbare Wohnhäuser in lebendigen Stadtquartieren haben Räume, die groß genug sind, dass sie für immer wieder andere Wohnbedürfnisse passen. Wir denken immer noch viel zu spezifisch funktionalistisch und bauen Seniorenresidenzen, Studentenwohnheime, Familienhäuser, mal was fürs experimentelle Wohnen und mal

Abb. 23 Langfristig nutzbare und bewährte Wohntypen sind städtisch, da sie im urbanen Wandel bestehen können

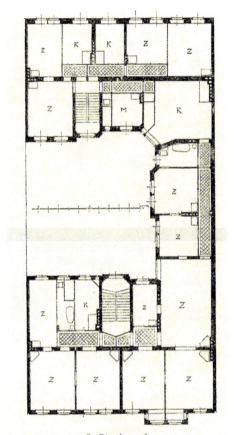

was Konventionelles. Und dann wundern wir uns, dass jede Bevölkerungsgruppe artgerecht getrennt ist und das lebendige Miteinander eines städtischen Quartiers nicht entsteht. Wir brauchen keine Spezialwohnungsbauten, sondern normale Stadthäuser, in denen es unterschiedliche und umnutzbare Wohnungstypen gibt. Diese müssen wir nicht neu erfinden, sondern können

Abb. 24 Zu spezifische und experimentelle Wohntypen sind unstädtisch, da sie nur für eine spezielle Situation taugen und im urbanen Wandel nur schwer adaptierbar sind

auf den Haus- und Wohnungstypen aufbauen, die sich in den beliebten Quartieren der Städte bereits bewährt haben.
9. Stadtquartiere bestehen aus Häusern mit wiedererkennbaren Elementen (Abb. 25 und 26). Wir haben uns daran gewöhnt, dass Abstraktion modern

Abb. 25 Wenn die Großstadt Heimat sein soll, dürfen Großstadthäuser auch architektonische Elemente des Wohnhauses wie Dach, Giebel, Erker, Balkone oder Loggien zeigen

Abb. 26 Glatte weiße Kuben sind elegant und ubiquitär, aber vielleicht noch nicht das Ultimum architektonischer Stadtgestaltung

sei, dass Banalität billig sei, dass Serialität rational sei. Doch auch in Neubaugebieten werden Menschen wohnen, die ihr Quartier als wohnlich erfahren und zu ihrer Heimat entwickeln wollen. Diesseits der glatten Kuben kennt die Architektur vielzählige Elemente, die ein Gebäude als Wohnhaus in einer verständlichen und nachvollziehbaren Weise ausweisen können: das schützende Dach, das als Sattel- oder Walmdach im Stadtraum sichtbar ist und die primäre Funktion des Wohnhauses, einen Schutzraum zu bieten, sinnlich erfahrbar werden lässt; der Giebel, Daches Bruder, der immer dann entsteht, wenn ein Satteldach senkrecht zur Straße steht; Erker, Balkone, Loggien, Altane, die allesamt einen privaten Wohnraum schaffen, der sich zugleich dem öffentlichen Außenraum zuwendet und öffnet; der private Vorgarten, der dem Erdgeschosswohnen Abstand von der Straße schafft und zugleich als Schmuck für den öffentlichen Raum angelegt ist. Mit diesen Elementen und ihrer variantenreichen Anwendung hat es der Reformwohnungsbau der frühen Moderne geschafft, auch in der Großstadt wohnliche Quartiere zu errichten. Warum nicht einmal Steildach bauen, damit ich mein Haus auch als Haus erkennen kann?

10. Stadtquartiere bestehen aus solide gebauten Stadthäusern (Abb. 27 und 28). Die Geschichtsfähigkeit der Stadt und die Möglichkeit für ihre Bewohner, sich dort heimisch zu fühlen, kann nur entstehen, wenn dauerhafte Konstruktionen und alterungsfähige Materialien eine langfristige Haltbarkeit ermöglichen. Kein WDVS und keine Klapperkonstruktionen, sondern massiv gemauerte Wände, die auch im Umbau anschlussfähig sind: Das ist nicht konservativ, sondern ökologische Avantgarde.

Wenn wir nicht wollen, dass uns der aktuelle Bauboom in 20 Jahren unstädtische Problemzonen wie einst bei den Großsiedlungen schafft, müssen wir das Thema Wohnungsbau vom Kopf auf die Füße stellen: Im Fokus darf nicht die einzelne Wohnung stehen, sondern der öffentliche Raum, der durch das Wohnhaus geschaffen wird. Städtebau statt Siedlungsbau heißt: Mit den privaten Wohnhäusern öffentliche Stadträume bauen! (Abb. 29 und 30).

Abb. 27 Wohnhäuser in dauerhaftem und alterungsfähigem Material schaffen eine langfristige Stadtheimat

Abb. 28 Wohnhäuser mit nur kurzfristig haltbaren Schimmel- und Klapperkonstruktionen sind nicht nachhaltig

Abb. 29 Stadtquartiere bauen heißt: Mit Wohnhäusern Straße und Plätze bauen. Städtebau …

Abb. 30 … statt Siedlungsbau!

Literatur

Bahrdt, Hans Paul (1961): Die moderne Großstadt. Soziologische Überlegungen zum Städtebau, Reinbek bei Hamburg.

Bahrdt, Hans Paul (1956); „Entstädterung oder Urbanisierung. Soziologische Gedanken zum Städtebau von morgen", in: Baukunst und Werkform, Bd. 12, 1956, S. 653–657.

Sennett, Richard (1983): *Verfall und Ende des öffentlichen Lebens. Die Tyrannei der Intimität*, Frankfurt am Main.

Simmel, Georg (1995): „Die Großstädte und das Geistesleben", in: Rüdiger Kramme, Angela Rammstedt, Otthein Rammstedt (Hg.), Georg Simmel Gesamtausgabe, Bd. 7, Aufsätze und Abhandlungen 1901–1908, Band I, Frankfurt am Main.

Sonne, Wolfgang (2014a): *Urbanität und Dichte im Städtebau des 20. Jahrhunderts*, Berlin.

Sonne, Wolfgang (2014b): „Baublock", in: Vittorio Magnago Lampugnani, Konstanze Domhardt, Rainer Schützeichel (Hg.), *Enzyklopädie zum gestalteten Raum. Im Spannungsfeld zwischen Stadt und Landschaft*, Zürich, S. 38–49.

Sonne, Wolfgang (2016): „Städtebau versus Siedlungsbau. Der urbane Kontext zu den Werkbundsiedlungen im 20. Jahrhundert", in: Deutscher Werkbund Berlin (Hg.), *Bauen und Wohnen. Die Geschichte der Werkbundsiedlungen*, Tübingen, S. 56–79.

Prof. Dr. Wolfgang Sonne ist Professor für Geschichte und Theorie der Architektur an der TU Dortmund, wissenschaftlicher Leiter des Baukunstarchivs NRW sowie stellvertretender Direktor des Deutschen Instituts für Stadtbaukunst. Er studierte Kunstgeschichte und Archäologie in München, Paris und Berlin und promovierte an der ETH Zürich. Er lehrte u. a. an der ETH Zürich und der University of Strathclyde in Glasgow. Er publizierte u. a.: Urbanität und Dichte im Städtebau des 20. Jahrhunderts, 2014; Städtebau der Normalität. Der Wiederaufbau urbaner Stadtquartiere im Ruhrgebiet, Hg., 2018

Aspekte einer zukunftsorientierten Quartierentwicklung

Das Geh-Quartier – Urbanität kommt zu Fuß

Roland Stimpel

Quartier ist, wo man im Alltag zu Fuß hinkommt. Denn erstens ist Quartier stets der Stadtraum, der der Wohnung oder anderen Lebensmittelpunkten nahe ist. Und „Nähe" ist fast gleich mit „Erreichbarkeit zu Fuß". Zweitens verdient den Titel „Quartier" nur ein besonders vertrautes Stück Stadt. Vertrauen entsteht durch wiederholte, immer wieder aufgefrischte Wahrnehmung, durch Kenntnis von vielerlei urbanen Details und nicht zuletzt durch zumindest flüchtiges Kennen anderer Menschen im Quartier. All diese nötigen Er-Fahrungen für das Quartier ermöglicht nur die Bewegungsform Gehen. Sie ist als einzige langsam genug, okkupiert wenig Aufmerksamkeit, erlaubt spontanes Anhalten, Umsichblicken und Abschweifen und geschieht nicht in isolierenden Gehäusen. Und nicht zuletzt ist es die einzige Bewegungsform, die hier von fast allen praktiziert werden kann und praktiziert wird.

Nur Gehen befördert das, was Menschen im Quartier zusammenbringt und zusammen hält: Kommunikation, soziale Integration, Vertrautheit und Sicherheit, die genaue Kenntnis des Raums und die Identifikation mit ihm. Viele dieser Themen vertieft Birgit Roths Beitrag *Open City* in diesem Band, ebenso die Beziehung zwischen horizontalem öffentlichen Raum und seinen vertikalen meist von Gebäuden gebildeten Begrenzungen.

Prägend für jede Quartiersidentität sind die Räume, die fast allen offenstehen und von vielen betreten werden. Das können auch wichtige Gebäude sein – historisch oft Kirchen, heute eher Einkaufszentren. Viel wichtiger aber sind die frei zugänglichen öffentlichen Räume. Trassen für schnellen Verkehr gehören nicht dazu, da viele Menschen ohne Führerschein, Fahrschein und passendes Gerät sie

R. Stimpel (✉)
Berlin, Deutschland
E-Mail: stimpel@aol.com

nicht nutzen können. Solche Trassen haben eine Dimension – sie sind auf dem Plan Linien. Das Quartier als Fläche hat hier zwei.

Ein Quartier ist selten identisch mit einem definierten geografischen Gebiet oder einer Verwaltungseinheit. Quartiere können sich überlappen und in einem urbanen Kontinuum weich ineinander übergehen. Es können sogar Menschen, die in einer Gegend leben, unterschiedliche Quartiersvorstellungen und Quartiersradien haben. Jeder hat seine eigenen Start- und Zielpunkte, ein eigenes, oft von Weg zu Wege verschiedenes Gehtempo und wechselnde Routen. Für das Kleinkind reicht das Quartier bis zur Kita an der Ecke, für die Alltagsflaneurin im frischen Rentenalter kilometerweit. Konsens über Quartiersgrenzen besteht meist nur dort, wo sie hart sind – breite, schlecht querbare Verkehrstrassen, Flüsse, homogene Großstrukturen.

Viele Menschen haben ein Empfinden für ihr Quartier, aber keinen Namen dafür. Denn ihre Quartiersvorstellung ist individuell und wird in genau dieser Form mit wenigen oder keinen Nachbarn geteilt. Und auch ein individuelles Quartiersempfinden kann wechseln: Alltägliche Wege und Ziele ändern sich, der Geh-Radius wächst oder schrumpft je nach Wetter, Jahreszeit, Gesundheitszustand, Zeitbudget, Unternehmungslust oder Alter oder nach dem Ortswechsel lokaler Angebote.

Ein nicht verbindlich definiertes, womöglich sogar namenloses Quartier ist etwas anderes als ein Gebiet, das gar keinen Quartierscharakter hat. Das ist oft in großen, homogenen Gebieten der Fall, die von Gewerbe und Infrastruktur geprägt sind. Nicht zufällig sind es meist Gebiete mit wenig Fußverkehr. Quartierscharakter kann auch in weitläufigen, allzu reinen Wohngebieten fehlen. Allerdings sind bewohnte Gebiete, in denen „niemand mehr zu Fuß geht", eher Ausnahme als Regel. Die Floskel kommt in der Regel von motorisierten Menschen. Die zweibeinigen Randfiguren mit Nahziel sind da; sie fallen nur nicht so auf. Viele Einrichtungen sind oft hier zu Fuß erreichbar – Läden für Alltägliches, Schulen, Orte für Freizeit und Sport. Gibt es eine gewisse Durchmischung, dann kann auch ein vorstädtisches Wohngebiet als Quartier erlebt und empfunden werden.

Dafür braucht es aber nicht unbedingt eine starke Durchmischung mit Gewerbe – weder in der Vor- noch in der Innenstadt. Dessen Beschäftigte kommen oft nicht aus dem Quartier und sind mit ihm wenig vertraut; umgekehrt sind für viele Quartiersbewohner die Büro- und Gewerbebauten in ihrer Nachbarschaft fremde Welten. Die Durchmischung von Wohnen und nicht quartiersbezogenem, für Nachbarn unzugänglichem Gewerbe kann sogar die Quartiersbildung hemmen: Solches Gewerbe erzeugt Fahrverkehr und weitere Emissionen, schafft unzugängliche und undurchquerbare Zonen für die Nachbarn und verdünnt in einem Gebiet das, was ein Quartier ausmacht. Das alles gilt vor allem für Produktion und Logistik, weniger für das Handwerk und am wenigsten für Dienstleister. Kurze Wege für Versorgung, Bildung und Freizeit sind wichtig zur Quartiersbildung. Kurze Arbeitswege sind zwiespältig und auch kaum dauerhaft zu planen – dazu wechseln Jobs und Firmenstandorte zu oft. Ein Quartier kann und sollte erst recht nicht den Charakter einer Werkssiedlung haben. Dann wäre es sozial eher entmischt und würde viele Menschen ausschließen, die nicht in dem Werk arbeiten.

a) *Quartiers-Mobilität geschieht auf zwei Beinen*

Von allen Verkehrsmitteln sind die Füße nach wie vor in vielen Städten das wichtigste, nicht zuletzt in den größten: 27 % aller zurückgelegten Wege in Berlin und Hamburg seien reine Fuß-Wege, so die jüngste Erhebung „Mobilität in Deutschland" (BMVI 2018, S. 13). Wege von und zu Haltestellen und Parkplätzen sind dabei noch nicht einmal berücksichtigt. Bezieht man sie ein, lautet das Ergebnis einer anderen Erhebung: 94 % aller Wege von Tür zu Tür haben mindestens einen Geh-Anteil, eine „Etappe" (Brög 2017), und die meisten haben zwei – vom Start zum Fahrzeug und vom Fahrzeug zum Ziel.

Fußwege und Quartierswege sind zum Großteil identisch. 64 % aller Fußwege in Städten sind bis zu einem Kilometer lang, dagegen nur 4 % über fünf Kilometer (Brög 2016). Und von den quartierstypischen Wegen bis zu einem Kilometer Länge werden 61 % zu Fuß zurückgelegt; es folgt das Fahrrad mit knapp 23 %. Motorisierter Verkehr spielt in der Quartiers-Dimension nur eine Nebenrolle; Auto, Bus, Bahn und motorisierte Zweiräder haben an den Wegen dieser Länge zusammen nur einen Anteil von 16 %. Für den Quartierszusammenhang braucht es diese Verkehrsmittel fast nicht.

Aber natürlich führt viel Stadtverkehr übers Quartier hinaus: 77 % aller Stadtwege sind mehr als einem Kilometer lang, 51 % aller Wege sogar länger als drei Kilometer (Brög 2016). Je länger die Wege, desto höher der Anteil motorisierter Verkehrsmittel. Und umgekehrt: Je mehr Angebote es in Quartiersdistanz gibt, desto mehr Kurz- statt Langstreckenverkehr gibt es und desto mehr Rad- und vor allem Fußverkehr.

Aber es ist nicht nur die Angebotsverteilung Ursache und das Verkehrsverhalten Folge, sondern auch umgekehrt. Wo viel gelaufen und Fahrrad gefahren wird, da haben Anbieter von Leistungen und Waren aller Art den Anreiz, ihre Angebotsorte kleinteilig und fein zu streuen. Je größer das Gewicht des motorisierten Verkehrs ist, desto eher können und müssen Anbieter Angebote aller Art an einzelnen Orten konzentrieren, wo sich Nahverkehrsstrecken und Hauptstraßen kreuzen.

Je schneller ein Verkehrsmittel, desto grobmaschiger sein Netz, desto geringer die Zahl seiner Haltepunkte, Schnellstraßen-Ausfahrten und Großparkplätze. Und desto größer das Gefälle zwischen den sehr gut erreichbaren und den sehr schlecht zu erreichenden Orten. Gebündelter Schnellverkehr tendiert dazu, vielfältige Quartiere durch homogene Großstrukturen abzulösen. So beeinflusst Verkehrspolitik und -planung die Strukturen von Angeboten aller Art: gestreut oder geballt, in kleinen oder großen Einheiten.

b) *Quartiersfreundlicher Stadtverkehr*
Nur wo viel Fußverkehr ist, kann ein Stück Stadt als Quartier gelebt und erlebt werden. Planung und Betrieb von Verkehrs-Infrastruktur sind natürlich keine hinreichenden Voraussetzungen für Quartiersleben, aber es sind nötige. Deshalb geht es im Folgenden um die Frage: Wie müssen Verkehrsplanung, Wegenetze und Rechte aussehen, damit Verkehr quartiersgerecht und quartiersfördernd ist?

Die wichtigsten Merkmale eines quartiersfreundlichen Stadtverkehrs sind:

1. Nahe Ziele sind gut erreichbar, vor allem zu Fuß. Dazu weiter unten mehr.
2. Verkehr dominiert nicht den öffentlichen Raum so stark, dass dieser untauglich wird für quartiersbezogene Funktionen wie Aufenthalt und Kommunikation, Kinderspiel, Freilicht-Gewerbe und Grün. Dies gilt vor allem in Hinblick auf Flächen, Lärm- und Abgas-Immissionen sowie Unfallsicherheit.
3. Verkehr erschwert möglichst wenig mit Immissionen das zur Straße orientierte Wohnen und Leben in angrenzenden Häusern.
4. Das Quartier ist kein Dorf; entferntere Stadtteile sind per Bahn oder Bus und per Rad gut erreichbar. Die meistgenutzten Einrichtungen liegen nahe an Bahnhöfen und Haltestellen; die Wege dorthin sind für den Fußverkehr besonders gut erschlossen.
5. Verkehr zu entfernteren Zielen und Durchgangsverkehr im Quartier wird so organisiert, dass er möglichst den Merkmalen 2 und 3 entspricht.
6. Das Parken und Abstellen von Individualverkehrsmitteln einschließlich Leihfahrzeugen ist Privatsache. Öffentlicher Raum steht dafür nur so weit zur Verfügung, wie die Merkmale 1 und 2 nicht beeinträchtigt werden.

Es liegt auf der Hand, dass das Gehen nicht nur das Quartier erschließt und erst zu dem macht, was es ist. Sondern dass es auch die quartiersfreundlichste Bewegungsart ist – platzsparend, nicht gefährdend, emissionsfrei, unkompliziert und flexibel. Den Fußverkehr im Quartier fördern besonders folgende Bedingungen:

1. Es gibt ein engmaschiges Netz von Wegen an allen Blockaußenseiten und quer durch größere Straßenblöcke und Gebäudekomplexe. Fußgänger werden nirgendwo zu größeren Umwegen gezwungen.
2. Straßenräume werden nicht von der Mitte, sondern vom Rand her geplant. Gehwege sind entsprechend den Empfehlungen für Fußverkehrsanlagen (EFA) der Forschungsgesellschaft für Straßen- und Verkehrswesen mindestens 2,50 breit, bei starkem Fußverkehr breiter (EFA 2002). Die meint den ausschließlich zum Gehen nutzbaren Raum ohne feste und temporäre Aufbauten, Gegenstände und Fahrzeuge.
3. Querungen mit Fahrbahnen sind fußverkehrsfreundlich und sicher ausgeführt. Dazu taugen Fahrbahn-Aufpflasterungen auf Gehwegniveau, Zebrastreifen, bei stärkerem Fahrverkehr Mittelinseln und als letztes Mittel Ampeln.
4. Konzepte ohne Flächenunterteilung wie Shared Space/Begegnungszonen werden nur realisiert, wenn Schutz, Orientierung und Hindernisfreiheit für alle Gehenden gewährleistet sind, auch der seh- und hörbehinderten.
5. Gefahren und Immissionen sind gering, die Annehmlichkeiten groß: Grün, Abwechslung in Architektur und Nutzungen, Licht, insbesondere für Senioren häufige Gelegenheiten zum Ausruhen.
6. Die Orientierung der Häuser zur Straße und wo räumlich möglich schmale halbprivate Vorzonen tragen zur Kommunikation, sozialer Kontrolle und Sicherheit bei.

Literatur

Brög, Werner (2017): Socialdata: Das hauptsächlich vernachlässigte Verkehrsmittel. In: mobilogisch 2/17, URL: http://www.mobilogisch.de/41-ml/artikel/251-mobilitaetsforschung-vernachlaessigt-gehen.html

Brög, Werner (2016): Denn das Nahe ist so fern. In: mobilogisch 2/2016. URL: http://www.mobilogisch.de/41-ml/artikel/237-kurze-entfernungen-alltagsmobilitaet.html

Bundesministerium für Verkehr und digitale Infrastruktur (BMVI) (2018): Mobilität in Deutschland. Kurzreport. Verkehrsaufkommen – Struktur – Trends. Berlin

Forschungsgesellschaft für Straßen und Verkehrswesen (EFA) (2002): Empfehlungen für Fußgängerverkehrsanlagen Berlin

Dipl.-Ing. Roland Stimpel studierte Stadt- und Regionalplanung und war Journalist, u. a. Chefredakteur des Deutschen Architektenblatts. Er ist Vorstand des FUSS e. V., des Fachverbands für Fußverkehr, Mitglied der Deutschen Akademie für Städtebau und Landesplanung (DASL) und Fachautor.

Mischen! Aber was?

Timo Munzinger

1 Was wollen wir mischen?

Ja, wir wollen ein gemischtes Quartier – lebhafte, urbane und vielfältigen Städtebau. In diesem Punkt besteht bei vielen Fachleuten, Bürgern und Politikern Einigkeit. Aber was bedeutet dies genau? Was wollen wir bzw. was können wir tatsächlich mischen?

Am offensichtlichsten erscheint hierbei das Thema der Nutzungsmischung. Wohnen, Arbeiten und Freizeit sollen kleinräumig verzahnt werden. Dies spart nicht nur Zeit und Geld, sondern reduziert auch den motorisierten Individualverkehr. Die positiven Auswirkungen liegen auf der Hand: mehr Synergien im Lebensalltag, weniger Kosten und Aufwand für die Mobilität, gesündere Lebensverhältnisse und natürlich kürzere Wege. Soweit zur Theorie – die Probleme treten bei der konkreten Umsetzung in den Planungs- und Liegenschaftsabteilungen der Städte zutage.

Die Flächenkonkurrenzen haben sich in den letzten Jahren erheblich verschärft. Nicht nur Einzelhandel, Wohnen und Dienstleistungen konkurrieren in Innenbereichen um Flächen, sondern auch die Logistik drängt wieder zurück in die Stadt. Viele Einzel- und Onlinehändler bieten ihren Kunden die Lieferung nach Hause am selben Tag oder zur Wunschuhrzeit. Dies steigert das Einkaufserlebnis und den Flächenbedarf in unmittelbarer Nähe. Auch hierbei sind kurze Wege von hoher Wichtigkeit für die Rentabilität.

Eine andere Form von Konkurrenz sind weiterhin bestehende „Unverträglichkeiten" von Nutzungen. Die persönlichen Interessen und Wahrnehmungen

T. Munzinger (✉)
Köln, Deutschland
E-Mail: timo.munzinger@staedtetag.de

der Bürger äußern sich unter anderem durch die „not in my backyard" Haltung. Natürlich soll die Wohnumfeldgestaltung urban und lebendig sein, aber bitte leise. Wohn- und Freizeitnutzungen sind schwierig zu vereinbaren, und zwar nicht nur planungsrechtlich, sondern auch in der öffentlichen Diskussion mit den Anwohnern.

Als zweite Zielsetzung dürfte den meisten Lesern die soziale Durchmischung in den Sinn kommen. Auch hier stellt sich die Frage, nach dem was und wie? Sollen unterschiedliche Einkommensklassen, Bildungsschichten, Glaubensrichtungen, Nationalitäten oder Lebensmodelle gemischt werden? Was ist die richtige Mischung und wer entscheidet dies? Das Ziel der Sozialen Mischung bleibt weitgehend unbestimmt, so wie es bei den Nutzungen ebenfalls kein richtig oder falsch gibt. Entsprechend allgemein wird als Ziel die Abbildung der Stadtgesellschaft ausgegeben.

Bei der dritten Zielrichtung – die es zu Durchmischen gilt – sind die Gebäudetypologien zu benennen. Bei genauerer Betrachtung sind Gebäudetypologien der einzige Ansatzpunkt zur Durchmischung, den wir tatsächlich beeinflussen können und der sich sowohl auf die Nutzungsmischung als auch auf die soziale Mischung direkt auswirkt. Die Nutzungsmischung lässt sich zwar über das Planungsrecht steuern, die Wahl der Gebäudetypologien entfalten allerdings eine deutlich breitere Wirkung.

Über die Gebäudetypologien lassen sich die Nutzungsmischung sowie die soziale Mischung beeinflussen. Beispielhaft können hierzu klassische Gründerzeitgebäude angeführt werden, die im Erdgeschoss eine öffentliche Nutzung hatten und darüber verschiedene Grundrissvarianten für die unterschiedlichen Lebensmodelle. Shopping Malls versuchen zwar die kleinteiligen Altstadtstrukturen oder Gründerzeitviertel nachzubilden, scheitern aber aufgrund der einseitigen Optimierung auf die Erfordernisse des Einzelhandels. Der Ansatz des „Mischens" geht deutlich über das einzelne Objekt hinaus und muss – damit es funktioniert – auf der Quartiersebene gedacht werden. Es ist somit ein Auseinanderfallen der Betrachtungs- und der Steuerungsebene festzustellen. Die Betrachtungsebene ist das Quartier, die Steuerungsebene die Gebäudetypologien.

Sinnvollerweise gilt es somit beide Ebenen zukünftig wieder enger zusammenzuführen. Städtebau und Architektur bedingen sich gegenseitig und sind dennoch in den letzten Jahrzehnten durch die zunehmende Komplexität im Bauwesen immer weiter voneinander getrennt worden. Die Trennung von Studiengängen ist zwar fachlich nachvollziehbar, gleichzeitig muss aber ein Grundverständnis für die Arbeit des anderen vermittelt werden, sodass jeder den Rahmen seines Handels einschätzen kann. Architektur und Städtebau können ihren Beitrag zu Verbesserung der Lebensqualität nur gemeinsam leisten. Eine enge Zusammenarbeit und Kooperation trägt daher wesentlich zur Umsetzung der Leipzig Charta bei.

2 Warum wollen wir mischen?

Erstaunlicherweise wird die Notwendigkeit zur Durchmischung der Städte und Quartiere in Deutschland durch die Vermeidung negativer Auswirkungen begründet. Durch die Mischung von Nutzungen versuchen wir die Anzahl und Länge der Verkehrswege zu reduzieren. Hierüber erhofft man sich eine Veränderung des Mobilitätsverhaltens sowie die Vermeidung von Lärm und von gesundheitsschädlichen Emissionen. Viele international ausgezeichnete „lebenswerte Städte" wie Wien, Kopenhagen oder Melbourne verknüpfen Stadtentwicklung mit positiven Aspekten. Sie werben aktiv mit der Verbindung von Wohnen, Arbeit und Freizeit. Die Städte stehen für eine Entwicklung im Einklang mit der Natur bei gleichzeitiger wirtschaftlicher Prosperität – immer eng mit den Bürgern abgestimmt. Die konsequente Einbindung der Bürgerschaft ist hierbei sicherlich ein Schlüssel für die unterschiedliche Wahrnehmung von positiven und negativen Aspekten.

Trotz intensiver Bürgerbeteiligung stehen in Deutschland die negativen Aspekte im Vordergrund. Über eine Einflussnahme auf die soziale Mischung soll der Segregation entgegengewirkt werden. Dies soll sich positiv auf die gegenseitige Akzeptanz der unterschiedlichen Gruppen auswirken. Zudem soll der „soziale Aufstieg" durch den gegenseitigen Austausch und „nachbarschaftliche" Unterstützung befördert werden. Mit Blick auf die tatsächlichen Entwicklungen vor Ort scheint das Sprichwort, „gleich und gleich gesellt sich gerne", zutreffender. Menschen empfinden ein homogenes Umfeld – Menschen mit gleichem kulturellen Hintergrund, gleichem Bildungsgrad und gleichen Lebensmodellen – als angenehmer. Entsprechend gruppieren sich diejenigen, die es sich leisten können, zunehmend in den jeweiligen Quartieren. Es findet somit keine wirkliche Mischung statt.

Über die Diversifizierung der Gebäudetypologien soll der Gentrifizierung vorgebeugt werden. Hierbei wird regelmäßig übersehen, dass Gebäudetypologien sich auch auf viele weitere Aspekte, wie Verkehrsvermeidung, Segregation oder Energieversorgung auswirken. Die Gebäudetypologien bieten somit ein erheblich größeres Steuerungspotenzial, als bisher in der politischen Diskussion angenommen. Die Vermeidung von Gentrifizierung hingegen ist vorrangig eine Frage des Immobilieneigentum, der persönlichen Arbeitsplatzsituation sowie dem privaten Umfeld.

Deutschland belegt im europäischen Vergleich regelmäßig die hinteren Ränge bei der Eigentumsquote von Wohneigentum. Dies hat zum einen historische Gründe, zum anderen wird in Deutschland vorrangig die Eigentumsbildung bei Einfamilienhäusern gefördert. Diese Förderung erreicht breite Schichten der Bevölkerung nicht und trägt somit zur Segregation bei. Zur Vermeidung von Gentrifizierungsprozessen kann die Diversifizierung von Gebäudetypologien daher nur einen begrenzten Beitrag leisten.

Es scheint keinen gesellschaftlichen Konsens darüber zu geben, ob gemischte Quartiere als lebenswerter, nachhaltiger oder ökonomischer empfunden werden. Zumindest werden vermeintlich positive Aspekte selten als Begründung für die Zielsetzung einer Durchmischung herangezogen. Die Abwehr von negativen Entwicklungen stehen in der öffentlichen Debatte eindeutig im Vordergrund. Zugespitzt formuliert, darf der jetzige Zustand nicht schlechter werden – eine Veränderung ist nicht gewünscht.

Die Städte reagieren darauf mit umfassenden Partizipationsprozessen. Die gemeinschaftlich entwickelten Leitbilder und Ziele spiegeln die Zukunftsvorstellungen der Bürgerschaft besser wieder, wenngleich es nicht immer gelingt, einen gesellschaftlichen Konsens zu erzielen. Eine zukunftsorientierte Diskussion zur Stadtentwicklung vor Ort anzustoßen ist und bleibt eine dauerhafte Herausforderung für die Städte. Integrierte Stadtentwicklungskonzepte sind hierzu ein erster Schritt, führen aber nicht zwangsläufig zum Erfolg.

3 Was muss das Quartier leisten?

In erster Linie sollte in einem Quartier ein annähernd autarkes Leben möglich sein. Dies bedeutet ein räumlich enges miteinander von Leben, Arbeit und Wohnen. Güter zum täglichen Leben (Primärbedarf) sowie teilweise auch die zur Arbeit erforderlichen Waren und Materialien (Sekundärbedarf) sollten kleinräumig verfügbar sein. Dies ist nur bei einer entsprechenden Nutzungsmischung sowohl im Quartier als auch innerhalb einzelner Gebäude möglich.

In zweiter Linie sollte das soziale Miteinander im Quartier kooperativ und kommunikativ sein. Als Idealbild leiht, tauscht und teilt die Nachbarschaft Nutzgüter und erbringt gegenseitige Dienstleistungen. Die Bewohner kennen und helfen sich – es gibt eine soziale Kontrolle. Inwieweit diese Wunschvorstellung der sozialen Interaktion durch die gebaute Umwelt beeinflussbar ist, muss in diesem Artikel offen bleiben. Die baulichen Gegebenheiten können diese Entwicklung allerdings unterstützen oder hemmen. Ohne ein Interesse der Bewohner am Nachbarn und an einem gemeinwohlorientierten Miteinander wird auch kein lebendiges und nutzungsgemischtes Quartier entstehen.

Stellt sich nun die Frage, wie müssen Quartiere dreidimensional strukturiert sein, um das gegenseitige Miteinander positiv zu unterstützen? Klassischerweise lautet die Antwort „flexibel und robust". Was sich einfach anhört, ist aber schwierig umzusetzen. Die Stadtgesellschaft wandelt sich. Lebensgewohnheiten und Lebensumstände haben sich in den letzten Jahren geändert. Eine Zunahme von Einpersonenhaushalten, Sharing- und Event-Angeboten sowie die allgemeine Digitalisierung führen zu einer anderen Nutzung des öffentlichen Raums. Die Veränderungsprozesse werden auch die nächsten Jahre und Jahrzehnte anhalten – die Gesellschaft entwickelt sich weiter. Entsprechend müssen die öffentlichen Räume im Quartier möglichst flexibel nutzbar sein und eine hohe Aufenthaltsqualität bieten. Aspekte wie Topografie durch Rampen, Treppen und unterschiedlichen Flächenniveaus, Verschattung, Belichtung, Schallreduktion, Einsehbarkeit, Sicherheit, Versiegelungsgrade und Pflegeintensität sollten bei der Planung stärker berücksichtigt werden. Zudem können öffentliche Flächen – zumindest temporär – auch als Rückstauflächen bei Starkregenereignissen und Überflutungen einen Beitrag leisten. In Asien gibt es bereits Beispiele, bei denen Parkflächen für die Bewohner jährlich 3–4 Monate überflutet werden. In der verbleibenden Zeit haben die Bewohner Zugang zu den großzügigen Grünflächen. Multifunktionalität und Nutzungsmischung kann und sollte somit auch einen Beitrag zur nachhaltigen und klimagerechten Entwicklung der Quartiere leisten.

Gänzlich neu sind diese Erkenntnisse nicht. Architekten, Stadtplaner und Verantwortliche können auf einen langen Erfahrungsschatz von Vitruv bis in die heutige Zeit Jan Gehl zurückgreifen. Die menschlichen Proportionen als Maßeinheiten, Nutzerverhalten als Hinweis auf die Akzeptanz – vieles ist bekannt und findet dennoch nur bedingt seine Anwendung. Bauen im Bestand und unter ökonomischen Zwängen ist die Realität, entsprechend schwierig ist die Berücksichtigung von Kriterien zur Förderung des gesellschaftlichen Miteinanders. Letztendlich bleibt nur der Rückgriff auf Mindeststandards die Ausstattung mit einer Mindestinfrastruktur, um eine Mindestnutzung zu ermöglichen. Mit dieser Logik errichtete Quartiere tragen nicht zu einer lebenswerten Stadt bei. Quartiere wie die Seestadt Aspern in Wien oder kleinere Projekte wie das gemeinschaftliche Wohnen von WagnisArt in München zeigen, es geht auch anders. Ob diese „Modellprojekte" erfolgreich sind, werden erst die nächsten Jahre zeigen, dennoch weisen sie einen Weg abseits des Mainstreams.

4 Was ist die Aufgabe des Stadtgefüges?

Eine international einheitliche Definition des „Quartiers" gibt es nicht. Das Institut für Landes- und Stadtentwicklungsforschug (ILS) hat im Jahr 2014 (Prof. Ulli Meisel, ILS Trends 2/14) einige Thesen zur Definition von Quartieren erarbeitet. Demnach sind „Quartiere groß genug, um eine kritische Masse von Akteuren beteiligen zu können und klein genug, um nicht unübersichtlich zu werden". Die These vermittelt einen Eindruck wie groß ein Quartier sein kann, lässt aber die räumliche Abgrenzung bewusst offen. Der Rückschluss hieraus könnte lauten, Quartiere lassen sich nicht durch eine starre Abgrenzung fassen und planen. Vielmehr definiert jeder Bürger sein Quartier auf Basis seiner persönlichen Vernetzung, seinen Arbeitswegen, seines Freizeit- und Mobilitätsverhalten für sich selbst.

Die Aufgabe des Stadtgefüges wäre demzufolge die Setzung von thematischen und infrastrukturellen Schwerpunkten sowie die Vernetzung der Quartiere. Die Gewährleistung von Mobilität, die Verfügbarkeit von Arbeitsplätzen gehören ebenso dazu, wie die Sicherung der Nahversorgung. Alles in allem nichts Neues, aber die Herausforderung liegt auch hierbei in der richtigen Allokation und Dimensionierung, da jeder Bürger andere Mobilitätswege hat und sich diese ständig ändern können.

Durch Veränderungen in der Infrastruktur, des Mobilitätsangebotes oder der Nahversorgung ändert sich die persönliche räumliche Definition von bestehenden Quartieren. Auch der bloße Wechsel des Arbeitgebers kann zu einem Neuzuschnitt des persönlichen Quartiers führen. Die Aufgabe des Stadtgefüges ist somit zwar einigermaßen klar und abgrenzbar, aber die Umsetzung ist aufgrund der vielen Variablen mehr als herausfordernd. Die Planung von Quartieren und des Stadtgefüges insgesamt muss somit immer mit Unsicherheiten umgehen und einen Spielraum für Anpassungen vorsehen.

5 Was kann und sollte die Stadt(verwaltung) beitragen?

Dies bringt mich zur vorletzten Frage, was kann und sollte die Stadt(Verwaltung) zu Umsetzung beitragen? Die Möglichkeiten zur Beeinflussung bestimmter Entwicklungen sind sehr beschränkt. Die Stadt kann die Schließung eines privatwirtschaftlichen Arbeitgebers ebenso wenig beeinflussen, wie die Auswirkungen des demografischen, klimatischen und strukturellen Wandels oder der Digitalisierung.

Was aber möglich ist, ist die Anpassung an vorhersehbare Entwicklungen und die Schaffung resilienter Strukturen für die unvorhersehbaren Ereignisse. Beispielsweise ist eine Auswirkung des Klimawandels die Zunahme von Extremwetterereignissen. Je nach Gefährdung könnten öffentliche Flächen für eine potenzielle Flutung vorbereitet oder zur Hitzereduzierung mehr Verschattung im öffentlichen Raum vorgesehen werden. Diese Maßnahmen müssen nicht gesondert durchgeführt werden, sondern zählen zu den sogenannten „no regnet" Maßnahmen. Frei übersetzt sind dies Änderungen, die ohnehin durchgeführt werden und somit zur nachhaltigen Umgestaltung genutzt werden können.

Über diese vermeintlich offensichtlichen Maßnahmen hinaus gilt es auch attraktive und flexible Rahmenbedingungen zu schaffen. Über die Gestaltung des öffentlichen Raums in einem Quartier lässt sich durchaus Einfluss auf die spätere Nutzung und somit auch auf die Nutzer nehmen. Diese Maßnahmen greifen zwar nur sehr indirekt, dennoch sollten sie ganz zu Beginn in den Planungsprozess einfließen. Im Idealfall existiert eine gemeinsam mit den Bürgern entwickelte Gesamtstrategie für das Quartier, die Aussagen über die Ziele und der erforderlichen Maßnahmen gibt.

Das Quartierskonzept ermöglicht auch die Umsetzung von Zielen, die nicht auf Wachstum zielen und die einer gegenseitigen Abwägung bedürfen. Beispielsweise die Sicherung einer Grünfläche bei gleichzeitiger qualitativer Nachverdichtung an einer anderen Stelle. Die Entscheidung eine Fläche nicht zu bebauen, und stattdessen der Nachbarschaft zugänglich und nutzbar zu machen kann ebenso eine Strategie sein, wie der umgekehrte Fall. In jedem Fall bedarf es aber des Einverständnisses der Eigentümer eines gemeinschaftlich getragenen Konsens sowie eines strategischen Konzeptes.

Die Zielerreichung bleibt auch beim besten Quartierskonzept aber oftmals unsicher. Zu viele Parameter sind vonseiten der Stadt(Verwaltung) alleine nicht steuerbar. Denken Sie beispielsweise an die Ansiedlung kreativer Milieus. Die Stadt kann Rahmenbedingen schaffen, Events initiieren und Fördermittel anbieten, dennoch ist nicht sicher, ob sich kreative Milieus im Quartier niederlassen und aktiv werden.

6 Was sind die Rückschlüsse?

Was bedeuten die vorangestellten Erkenntnisse nun für die Zukunft der Quartiere? Ja, das Leitbild der Leipzig Charta ist nach wie vor zielführend und in der Intention ausreichend unscharf um möglichst flexibel gehandhabt zu werden. Ziel kann nicht sein, eine bestimmte Mischung – gleich welcher Art – für ein Quartier vorzugeben. Viele Entwicklungen können vonseiten der Städte auch nicht beeinflusst oder gar gesteuert werden. Aber es gibt die Möglichkeit durch die Wahl der richtigen Instrumente und die Setzung von Rahmenbedingungen indirekt zu steuern. Das Ziel sollte somit sein einen Rahmen zu schaffen, der eine Mischung ermöglicht und erleichtert. In Anbetracht des limitierten Handlungsrahmens der Kommunen ist dieses Ziel bereits durchaus ambitioniert.

Zur Schaffung von Rahmenbedingungen bedarf es einer konkreten Vorstellung der Zielsetzung. Wie bereits Mark Twain gesagt hat: „Wer nicht weiß, wohin er will, darf sich nicht wundern, wenn er woanders ankommt." Ein integriertes gesamtstädtisches Entwicklungskonzept ist die Basis für kleinräumige und detaillierte Quartierskonzepte. Diese sollten die Charakteristika der Quartiere identifizieren und Schwerpunkte für die weitere Entwicklung erarbeiten. Die Umsetzung von konkreten Zielen und Maßnahmen muss in einer Strategie eingebettet werden, die sich in die gesamtstädtischen Konzepte einfügt. Ein kontinuierliches Monitoring der Maßnahmen dient zur Erfolgskontrolle oder ggf. zur Korrektur und Anpassung der Zielsetzungen. Ohne Monitoring wird die Vermittlung der oftmals langen Zeiträume bei der Entwicklung gegenüber der Bürgerschaft unnötig erschwert.

Wir befinden uns in Zeiten des Wandels. Rahmenbedingungen ändern sich und Zielsetzungen auch. Entsprechend müssen sowohl die Konzepte als auch die Zielsetzungen regelmäßig evaluiert und fortgeschrieben werden. Neuere Stadtentwicklungskonzepte basieren daher mittlerweile weniger auf Prognosen, sondern arbeiten vermehrt mit unterschiedlichen Entwicklungsszenarien. Anhand dieser Entwicklungsszenarien können Ziele definiert und die Zielerreichung gemessen werden. Je nach Zielerreichung können und sollten die Maßnahmen in kurzfristigen Abständen angepasst werden. Stadtentwicklungsplanung wird trotz des langfristigen Zeithorizonts dadurch agiler, flexibler und realitätsnäher ohne die langfristigen Ziele aus den Augen zu verlieren.

Stadt- und Quartiersentwicklung bleibt somit ein komplexer Prozess, der trotz der Einbindung von Experten und Bürgerschaft immer auch Mut im Umgang mit Unsicherheiten erfordert. Aufgrund der vielen Unsicherheiten sollte man von Zeit zu Zeit einen Schritt zurück gehen, um die Maßnahmen und Ziele zu reflektieren. Anschließend sollte man aber zwei Schritte nach vorne gehen, um lebenswerte und nutzungsgemischte Quartiere Wirklichkeit werden zu lassen.

Dr.-Ing. Timo Munzinger, MBA ist seit 2012 Referent für Integrierte Stadtentwicklung, Regional- und Landesplanung, Raumordnung, Stadtplanung, Städtebau, Architektur und Stadtgestaltung beim Deutschen Städtetag. Er studierte Architektur und Architekturmanagement in Karlsruhe und Berlin und schrieb seine Dissertation zum Thema „Anreizsysteme zum Flächenrecycling für mindergenutzte bzw. brachgefallene Flächen mit gewerblicher Vornutzung" an der Universität Stuttgart. Er arbeitete als Architekt/Stadtplaner im Büro Gekeler Bäuerlein in Karlsruhe und von 2004 bis 2012 als Projektleiter bei der STEG Stadtentwicklung GmbH in Stuttgart. Seit 2007 ist er als Architekt und Stadtplaner in die Architektenkammer Baden-Württemberg eingetragen.

Soziale Mischung im Quartier – 12 Thesen

Tilman Harlander

1. Kein Zweifel, der soziale Zusammenhalt, „social cohesion" und soziale Mischung sind wieder zu erstrangigen Politikzielen geworden, die europa-, ja weltweit mit höchster Priorität auf der Agenda von Reformkräften stehen. „Mischung", „mixité", „mixicidad", „mixed income housing" – immer geht es dabei um Alternativen zu dem wachsenden Auseinanderdriften der Stadtgesellschaften (Bott et al. 2018), das in vielen Weltgegenden bedrohliche Ausmaße angenommen hat. In Europa ist der Problemdruck noch deutlich abgeschwächter, differiert aber zwischen den verschiedenen europäischen Staaten sehr stark. In der im Mai 2007 verabschiedeten und gegenwärtig zur Fortschreibung anstehenden „Leipzig-Charta zur nachhaltigen europäischen Stadt" (BBSR 2017) haben die beteiligten Staaten unterstrichen, dass wirtschaftliche, ökologische und soziale Dimensionen der Nachhaltigkeit „gleichzeitig und gleichgewichtig" zu berücksichtigen seien. Insgesamt erscheinen in den Staaten (insbesondere nord- und mitteleuropäische Wohlfahrtsstaaten) die Chancen für eine erfolgreiche soziale Integrationspolitik als am größten, in denen man sich aktiv um den – zivilgesellschaftlich und partizipativ geleiteten – Umbau des Sozialstaats und die Weiterentwicklung des Instrumentariums eines sozialstaatlich vermittelten sozialräumlichen Ausgleichs bemüht. Als Referenzrahmen sowohl der Problemwahrnehmung als auch praktisch erprobter Handlungsansätze fungiert mittlerweile in aller Regel nicht die Stadtgesellschaft als Ganzes, sondern das „Quartier" mit

---

T. Harlander (✉)
Universität Stuttgart, Stuttgart, Deutschland
E-Mail: tilman.harlander@iwe.uni-stuttgart.de

© Springer Fachmedien Wiesbaden GmbH, ein Teil von Springer Nature 2020
N. Berding und W.-D. Bukow (Hrsg.), *Die Zukunft gehört dem urbanen Quartier*, https://doi.org/10.1007/978-3-658-27830-4_7

seinem „irgendwie überschaubaren, leb- und erlebbaren Alltag" (Berding et al. 2018, S. 4; GdW 2010).
2. Die wachsende Sorge um den sozialen Zusammenhalt in den Städten kann angesichts der Herausforderungen des demografischen Wandels (Reckwitz 2017), der Integrationsaufgaben aufgrund wachsender Migrationsströme (Saunders 2011), aber auch zunehmender wirtschaftlicher Ungleichgewichte und einer sich weiter öffnenden Schere zwischen Arm und Reich (Wehler 2013; Alvaredo et al. 2018) nicht verwundern. Besonders drastische Folgen ziehen – vor allem in den Wachstumsregionen – die mit dem anhaltenden Immobilienboom mit seinen exorbitanten Miet- und Kaufpreissteigerungen einhergehenden sozialen Verdrängungs-, Gentrifizierungs- und Segregationsprozesse nach sich. Tatsächlich erleben wir statt Mischung und Integration gegenwärtig weltweit rasant sich beschleunigende „Entmischungsprozesse" (Holm 2012), eine beispiellose soziale Spaltung der Städte (Harlander und Kuhn 2012a). Sie manifestiert sich im anhaltenden Slumwachstum einerseits und dem weltweit boomenden Bau von Gated Communities und abgeschirmten Siedlungen für die Wohlhabenden andererseits auf bedrückende Weise. Noch erleben wir dieses zunehmende „Auseinanderdriften der Stadtgesellschaften" in Deutschland nur in deutlich abgeschwächter Form. Ganz offensichtlich ist die Anlage ausgedehnter abgeschlossener Wohnkomplexe wohnkulturell wie planungsrechtlich mit den deutschen Traditionen generell wenig kompatibel und – bisher – auch wenig gewünscht. Die freie Zugänglichkeit der öffentlichen Räume gehört nach übereinstimmender Auffassung in den Kommunen zu den unbedingt schützenswerten Kernbestandteilen der Tradition der europäischen Stadt. Aber es ist doch unübersehbar, dass auch hierzulande Wohnungsnot wächst und im Gegenüber von Gentrifizierungsfolgen und erzwungener Segregation auf der einen Seite und dem Wohnen in Luxusresidenzen und städtebaulich „abgeschirmten" und abgeschotteten Wohnkomplexen auf der anderen Seite ein sozialräumliches Korrelat der wachsenden Kluft von Arm und Reich entsteht.
3. Mit Bezug auf das in der Fachwelt mittlerweile dominierende städtebauliche Leitbild der in der Tradition der „europäischen Stadt" stehenden dichten, funktional und sozial gemischten Stadt der kurzen Wege (Jessen 2004) dominiert das Ziel sozialer Vielfalt und Mischung nicht nur in programmatischen Schriften und Verlautbarungen, sondern auch in der kommunalen Praxis und in der gemeinnützigen Zielen verpflichteten Wohnungswirtschaft nahezu unangefochten – vielleicht gerade deshalb zunehmend ausdrücklicher, weil die Anzeichen wachsender sozialräumlicher Polarisierung immer unübersehbarer werden. Seine Wurzeln hat dies in der Nachkriegsgeschichte,

in der – ähnlich wie in den angelsächsischen „mixed neighbourhood units" – soziale Mischung im Wohnen als gleichsam selbstverständlicher Bestandteil der auf allgemeine Wohlstandssteigerung, Fortschritt und Nivellierung gerichteten Wohnungs- und Gesellschaftspolitik für „breite Schichten" verstanden wurde. Nur in sozialstrukturell „ausgewogenen" Quartieren schien eine gleichmäßige Versorgung mit Infrastruktur möglich, während die Existenz von „Elendsvierteln" und „Ghettos" ganz offensichtlich dem erklärten Ziel der Herstellung „gleichwertiger Lebensbedingungen" widersprach. In der aktuellen Debatte wurde die nach wie vor unter Praktikern geltende breite Akzeptanz des Mischungsziels etwa durch die 2016 durch das Deutsche Institut für Urbanistik (Difu) und die Universität Wuppertal durchgeführte Kommunalbefragung in NRW bestätigt, nach der 89 % der befragten Städte „soziale Vielfalt" für ein „wichtiges, wenn auch schwer steuerbares Planungsziel" halten (Pätzold und Spars 2016; vgl. auch ILS 2018).

4. Die Ablehnung der Entmischungsfolgen ist sicherlich weitgehend unstrittig. Doch das Mischungsziel selbst (Spiegel 2001) ist bei weitem nicht so eindeutig und selbstverständlich unumstritten, wie es auf den ersten Blick scheint. Dies liegt nicht zuletzt auch an der Vieldimensionalität des Mischungsideals, sodass in der Praxis viel aneinander vorbeigeredet wird. Jeder hat andere Bilder im Kopf. Gerne wird dabei von Befürwortern wie Gegnern des Mischungsideals – mit jeweils gegenläufigen Argumenten – auf die historischen Traditionen der „europäischen Stadt" verwiesen. Kein Zweifel, die strenge Gliederung der Ständegesellschaft spiegelte sich auch in einer hierarchisch gegliederten räumlichen Verteilung der Wohn- und Arbeitsorte wider und es gab darüber hinaus harte Formen der Ausgrenzung, deren tragischstes Kapitel die Einrichtung der jüdischen Ghettos wurde. Aber die „Einfriedung" durch die Stadtmauern konstituierte zugleich baulich-räumlich wie symbolisch die Einheit des ständischen Gemeinwesens nach innen. Tatsächlich blieb dieses kleinräumige „soziale Miteinander" etwa im „Ganzen Haus" der Kaufleute und Handwerksmeister und generell innerhalb der Enge der Stadtmauern ein essenzieller Bestandteil der kollektiven Erinnerung, auch wenn das jeweilige sozialräumliche „Miteinander" nicht der nivellierenden Einebnung sozialer Standesunterschiede diente, sondern letztendlich Teil der funktionalen Organisation ihrer Perpetuierung war (Harlander et al. 2007).

5. Kritiker (Roskamm 2013; von Lojewski 2013) assoziieren mit dem Begriff der „Durchmischung" immer noch etwas sperrig Altbackenes, eine tendenziell „dirigistische und paternalistische" Planer–Grundhaltung (Holm 2009) und unzulängliche Steuerungsinstrumente von oben wie die in Berlin zwischen

1976 und 89 in einigen Stadtteilen praktizierten, in der Praxis freilich längst obsoleten „Zuzugssperren" oder Quotierungen. „Soziale Mischung" in einem modernen Sinn beinhaltet demgegenüber einen wohnungs- und städtebaupolitischen Ansatz, der sich gegen die über die Wohnungsmärkte erzwungene forcierte Entmischung richtet und für sozial offene Quartiere plädiert. Dies impliziert zugleich einen Mischungsbegriff, der die „soziale Mischung" nicht isoliert betrachtet, sondern zusammen mit anderen Mischungsdimensionen wie der funktionalen Mischung, der Mischung verschiedener Ethnien, Altersstufen und Religionen, aber auch der Mischung verschiedener Bauträgerformen, der Mischung von Alt und Neu oder auch einer gelungenen Mischung von privaten und öffentlichen Räumen ins Blickfeld nimmt. Dabei wird mit „Mischung" im Rahmen moderner Integrations- und Diversitätspolitiken auf kommunaler Ebene eben nicht (mehr) die Einebnung und Nivellierung kultureller und ethnischer Unterschiede verstanden, sondern, wie dies der Magistrat der Stadt Frankfurt formuliert hat, man strebt gerade umgekehrt „eine Balance von Integration und Diversität, von geteilter Gemeinsamkeit und individueller Vielfalt" (Magistrat Frankfurt 2010, S. 21) an.

Die Grenzen des Mischungsziels sind allerdings im Blick zu behalten. Räumliche Nähe schafft nicht umstandslos auch soziale Nähe und Armut, Ausgrenzung und Diskriminierung werden nicht in erster Linie durch Mischungspolitiken, sondern mithilfe aktiver Bildungs-, Arbeitsmarkt- und Sozialpolitiken erfolgreich bekämpft. Damit wird zugleich klar, dass verschiedene Dimensionen von „Mischung" im urbanen Quartier nicht isoliert, sondern erfolgreich nur dann bearbeitet werden können, wenn sie wechselseitig aufeinander bezogen sind. Eine erfolgreiche De-Segregationspolitik bedarf zugleich innovativer Politiken funktionaler Mischung (Stichwort u. a. „produktive Stadt"), die gegen die immer noch dominante Trennung von Arbeiten und Wohnen kleinräumige Konzepte von Nutzungsmischung implementiert (Feldtkeller 2018).

6. Welche Typen von Segregation (Häußermann 2008) lösen Handlungsbedarf aus? Hoch segregierte Oberschicht-und Villenquartiere tun dies bekanntlich nicht. Es geht also um freiwillige oder erzwungene Segregation und um die klassischen Fragen, um die die bis heute kontrovers diskutierte Kontakt- bzw. Konflikthypothesen kreisen: Erhöhen sozial und ethnisch gemischte Quartiere durch die damit gegebenen Kontaktmöglichkeiten Integrationschancen und Toleranzschwellen oder verstärken sich dadurch Konflikte und Aggression? Empirische Befunde beziehen sich zumeist auf die angelsächsische Diskussion, deutsche Studien zu den Wohnquartierseffekten sind nach wie vor rar. Allgemein wird in den meisten Studien der negative

Einfluss einer durch Armut und Deprivation geprägten Wohnumgebung bestätigt. Allerdings gilt es dabei zwischen sozialer und ethnischer Segregation zu unterscheiden. Die Befunde zu den Vor- und Nachteilen ethnischer Segregation bzw. ethnisch homogener Quartiere sind höchst uneinheitlich (Farwick 2012, Münch 2010). Ethnisch homogene „Kolonien" können, zumindest in einer Anfangsphase bzw. in der ersten Generation, aufgrund der hier gegebenen informellen Hilfsnetze, Verständigungsvorteile, kulturellen Nähe etc. wichtige „Übergangsräume" (Siebel 2012) im Prozess der Integration in die Aufnahmegesellschaft sein. Sie können aber auch rasch zu „Mobilitätsfallen" bzw. Ghettos werden, in denen sich die „Binnenorientierung" der Mitglieder dauerhaft verfestigt. Darüber hinaus zeigen diverse Repräsentativbefragungen und Studien, dass nur ein sehr geringer Teil der Migranten selbst das Wohnen in einem überwiegend ethnisch geprägten Quartier bevorzugt. In der Zusammenfassung seiner Übersicht empirischer Befunde auf diesem Feld unterstreicht Farwick, dass „sowohl von Seiten der Stadtplanung als auch von Akteuren der Wohnungswirtschaft alles unternommen werden sollte, eine kleinräumige Mischung der Haushalte von Migranten und ansässigen Deutschen zu ermöglichen" (Farwick 2012, S. 409).

7. Natürlich ist Mischung im Wohnen nur dann möglich, wenn nach Größe, Ausstattung und, vor allem, nach Preis geeignete Wohnungen für alle Schichten der Stadtbevölkerung zur Verfügung stehen. Im Zeichen des überbordenden Immobilienbooms und seiner Verwerfungen ist soziale Mischungspolitik, so die hier vertretene These, wesentlich zu einer Aufgabe der zuvor auf dem Altar neoliberaler Marktlogiken geopferten Renaissance und Restrukturierung sozialer Wohnungspolitik auf allen staatlichen Ebenen geworden. Praktisch liegt dabei eine, vielleicht die größte, Hypothek in dem unaufhaltsamen förderungstechnisch bedingten Dahinschwinden der früheren preiswerten Sozialwohnungsbestände. Um nicht immer wieder durch entsprechend großen Neubau oder den teuren Ankauf von Belegungsrechten das Abschmelzen der gebundenen Bestände kompensieren zu müssen, wäre perspektivisch, ähnlich wie in unseren Nachbarländern Schweiz, Dänemark oder Österreich der Aufbau eines dauerhaft gebunden Stocks preisgünstiger Mietwohnungen dringend vonnöten. Mittlerweile ruft alle Welt nach mehr „bezahlbarem Wohnraum", aber das so notwendige wohnungspolitische Umsteuern fällt – auch über durchaus vorhandene politische Widerstände hinaus – schwerer denn je. Es gibt nach der Abschaffung der historischen Wohnungsgemeinnützigkeit 1990 (viel) zu wenig gemeinwohlorientierte Akteure, die Instrumente der klassischen Objektförderung greifen aufgrund

der Niedrigzinspolitik nicht mehr, der Kostendruck ist immens und, vielleicht der gravierendste Punkt, es fehlt – nach Jahrzehnten unterlassener Bodenreformanstrengungen – an geeignetem und bezahlbarem Bauland.
8. Als Reaktion auf die sich verschärfenden Probleme auf den unteren Wohnungsteilmärkten haben inzwischen quer durch die Republik die Städte vor allem der Wachstumsregionen begonnen, das Ziel der Sicherung und Schaffung bezahlbaren Wohnraums durch neue Initiativen und „Bündnisse für das Wohnen" und den Wiedereinstieg in die Objektförderung im sozialen Wohnungsbau in Angriff zu nehmen. Sog. Sozial- bzw. Förderquoten, also die Verpflichtung, bei der Entwicklung neuer Baugebiete auch in einem gewissen Umfang Wohnraum für einkommensschwächere Gruppen zu schaffen, haben sich in den letzten Jahren in zahlreichen Städten zum wichtigsten Instrument sozial engagierter kommunaler Wohnungspolitik entwickelt. München war mit seiner SOBON-Politik und einer Sozialquote von 30 % (auf städtischen Flächen 50 %) hier seit den 1990er Jahren Vorreiter (München 2017), aber inzwischen haben zahlreiche Städte mit ähnlichen Initiativen nachgezogen. Die meisten Städte arbeiten dabei mit Quoten zwischen 20 und 30 %, nur Freiburg hat sich, allerdings mit einer denkbar knappen Mehrheit von nur einer Stimme im Gemeinderat, zu einer – heftig umstrittenen – Quote von 50 % sozialem Wohnungsbau entschlossen. Baulandmodelle wie das Münchner SOBON-Verfahren können allerdings im unbeplanten Innenbereich nach § 34 BauGB nicht zum Zuge kommen. Um hier erweiterte Handlungsspielräume zu schaffen, bedarf es einer gesetzlichen Nachbesserung (Glatz 2018).
9. Was den Wohnungsbestand betrifft, so steht die Debatte um geeignete Instrumente zur Begrenzung sozial unerwünschter Mietendynamiken sowie von Entmischungs- und Verdrängungsprozessen noch weitgehend am Anfang. Die 2015 zur Begrenzung spekulativ überhöhter Mietsteigerungen bei Neuvermietungen in durch die Landesregierungen festzulegenden sog. „angespannten Wohnungsmärkten" eingeführte „Mietpreisbremse" hat sich, jedenfalls in ihrer bisherigen Ausgestaltung, als stumpfe Waffe erwiesen. Auch durch ihre Neufassung 2018 mit einigen kleinen Nachbesserungen wird wohl wenig bewirkt werden können. Auch der Einsatz von Erhaltungssatzungen (Milieuschutzsatzung, BauGB § 172) kann Verdrängungs- und Gentrifizierungsprozesse nur bremsen, aber nicht dauerhaft verhindern. Luxussanierungen und Umwandlungen von Miet- in Eigentumswohnungen können so kaum gestoppt werden (Difu 2017).
Einen komplexen Ansatz zur Aufwertung von problematischen Bestandsquartieren in Großsiedlungen und Innenstadtrandlagen verfolgt das 1999

aufgelegte Bund-Länder-Programm „Stadtteile mit besonderem Entwicklungsbedarf – Soziale Stadt". Die Finanzierung erfolgt durch Bund, Länder und Kommunen. Das Programm basiert auf dem Grundgedanken, dass der befürchteten Abwärtsspirale in den betroffenen Quartieren durch Abwanderung, mangelnde Unterhaltungsinvestitionen, Vernachlässigung, Vandalismus etc. aufgrund der multiplen Problemlagen nur durch einen integrierten Ansatz umfassender Quartiersentwicklung begegnet werden kann. Dieser beinhaltet sowohl bauliche („investive") wie „nichtinvestive" Maßnahmen in Bereichen wie z. B. Spracherwerb, Verbesserung von Schul- und Bildungsabschlüssen, Betreuung von Jugendlichen in der Freizeit und Förderung der lokalen Ökonomie. Als in besonderer Weise auf den Erhalt lebendiger Nachbarschaften und den sozialen Zusammenhalt gerichtetes Programm kommt dem Programm auch in der Praxis der Integrationspolitik eine Schlüsselrolle zu (GdW 2010). Das Programm, das sich in Deutschland zum wichtigsten Instrument der Stabilisierung benachteiligter und benachteiligender Quartiere entwickelt hat, umfasste im Jahr 1999 in 124 Gemeinden 161 Gebiete. Bis Ende 2018 wurden ca. 850 Gesamtmaßnahmen in 450 Städten und Gemeinden in das Programm aufgenommen.
10. Immer deutlicher wird, dass eine sozialorientierte kommunale Stadt- und Quartierspolitik durch eine sozialgerechte und gemeinwohlorientierte Bodenpolitik flankiert werden muss (Reiß-Schmidt 2018). Der Mangel an Bauland und – vor allem in den Wachstumszentren – immense Bodenpreissteigerungen haben sich zu den größten Hemmnissen bei der Schaffung von „bezahlbarem Wohnraum" entwickelt. Alle bodenreformerischen Ansätze zur Abschöpfung von Bodenwertsteigerungen zugunsten der Allgemeinheit sind in Deutschland in der Vergangenheit auf politischer Ebene gescheitert. Nun hat sich unter dem Zwang der Verhältnisse in Fachkreisen eine neue Bodenreformdebatte entwickelt, bei der auf kommunaler Ebene zunächst einmal vor allem die Vergabe von Bauland nach den besten Konzepten (keine „Höchstpreisvergabe"), die Einrichtung von Bodenfonds, eine expansive Bodenvorratspolitik, die Vergabe städtischen Bodens (nur noch) in Erbbaurecht, eine zeitgemäße Grundsteuerreform und die Weiterentwicklung von Instrumenten des besonderen Städtebaurechts wie etwa die „Städtebauliche Entwicklungsmaßnahme in der Innenentwicklung" (Reiß-Schmidt 2018).
11. Hinsichtlich der Zusammensetzung bzw. der „Mischung" der Wohnbevölkerung eines Quartiers stellt sich grundsätzlich die Frage, auf welcher städtebaulichen Maßstabsebene und in welcher städtebaulichen Körnung sich Mischung als am sinnvollsten, am wirkungsvollsten erwiesen hat und in welchem Verhältnis (Quartier, Block, Haus) dabei sozial und ethnisch heterogene

und homogene Strukturen zu einander stehen sollen. Eine klassische, viel zitierte Antwort gibt darauf der amerikanische Sozialforscher Herbert J. Gans in einem bereits 1961 erstmals publizierten Aufsatz (Gans 1974): Grundsätzlich seien beide, homogene und heterogene Strukturen, per se weder als gut oder schlecht zu qualifizieren. Lediglich ihre extremen Formen seien gleichermaßen unerwünscht. Im Ergebnis postuliert er ein im konkreten Fall auszubalancierendes Ideal, in dem ausreichende Homogenität gegeben sein sollte, um Konflikte zu verhindern und um positive Beziehungen mit den Nachbarn aufzubauen, und in dem zugleich genügend Heterogenität bestehen müsse, um auch einer gewissen Vielfalt Raum zu geben. In der Praxis führte das zu der wiederholt geäußerten Empfehlung, das unmittelbare Umfeld der Wohnung bzw. den Wohnblock eher homogen, größere Einheiten wie das Quartier aber nach Möglichkeit heterogen zu halten.
12. Unsere eigene Auswertung der bisherigen Erfahrungen (Harlander und Kuhn 2012b) hat gezeigt, dass es weder für den Bestand noch für den Neubau allgemeingültige Antworten auf die Frage gibt, in welcher städtebaulichen „Körnung" „soziale Mischung" am nachhaltigsten und wirkungsvollsten zu erreichen ist. Generell charakterisiert die gegenwärtige Situation, dass Kommunen und Wohnungswirtschaft in diesen Fragen sehr offen auf den unterschiedlichen Maßstabsebenen Quartier, Block und Haus experimentieren. Tatsächlich erfordert „Mischung" in der Regel umso mehr Fingerspitzengefühl, Einsatz und vor allem Bereitschaft zur aktiven Beteiligung der Bewohner aufseiten der Projektentwickler, je feinkörniger und kleinteiliger sie konzipiert wird. Viele Kommunen geben dabei gerade auch – zum Teil mit Bezug nicht allein auf langjährige Erfahrungen in der Schweiz, in Wien/Österreich oder Skandinavien, sondern inzwischen auch in Tübingen (Szymanska et al. 2018), Freiburg, München, Hamburg oder Berlin – neuen gemeinschaftsorientierten Bauträgerformen wie Baugruppen oder (neuen) Genossenschaften eine Chance (Wüstenrot Stiftung 2017). Sie besitzen ein hohes Identifikationspotenzial und haben sich in vielen Fällen über mögliche Kosteneinsparungen hinaus als echte „Raumpioniere" und Instrumente einer sozial und ökologisch innovativen Stadtentwicklungspolitik bewährt.

Literatur

Facundo Alvaredo et al. (Hg.), Die weltweite Ungleichheit. Der World Inequality Report 2018, München 2018

BBSR (Bundesinstitut für Bau-, Stadt- und Raumforschung) (2017) Zehn Jahre Leipzig-Charta. Die Bedeutung integrierter Stadtentwicklung in Europa, Bonn

Helmut Bott, Gregor Grassl, Stefan Anders (Hg.), Nachhaltige Stadtplanung. Lebendige Quartiere – Smart Cities – Resilienz (Neuauflage), München 2018

Berding, Nina, Wolf-Dietrich Bukow, Karin Cudak (Hg.), Die kompakte Stadt der Zukunft. Auf dem Weg zu einer inklusiven und nachhaltigen Stadtgesellschaft, Wiesbaden 2018

Difu – Deutsches Institut für Urbanistik (Hg.), Kommunaler Umgang mit Gentrifizierung. Praxiserfahrungen aus acht Kommunen, Berlin 2017

Andreas Farwick, Segregation, in: Frank Eckardt (Hg.), Handbuch Stadtsoziologie, Wiesbaden 2012, S. 381–419

Andreas Feldtkeller, Städtebau: Quartiere offen für Vielfalt, in. Nina Berding, Wolf-Dietrich Bukow, Karin Cudak (Hg.), Die kompakte Stadt der Zukunft. Auf dem Weg zu einer inklusiven und nachhaltigen Stadtgesellschaft, Wiesbaden 2018, S. 31–52

Herbert J. Gans, Die ausgewogene Gemeinde: Homogenität oder Heterogenität in Wohngebieten? In: Ulfert Herlyn (Hg.), Stadt- und Sozialstruktur, München 1974

GdW (Hg.), Erfolgsfaktoren sozialer Quartiersentwicklung. Ergebnisse einer empirischen Untersuchung von Projekten der „Sozialen Stadt", Berlin 2010

Stephan Glatz, Sozialer Wohnungsbau im unbeplanten Innenbereich, in:; Informationen zur Raumentwicklung 5/2018, S. 22–27

Hartmut Häußermann, Wohnen und Quartier: Ursachen sozialräumlicher Segregation, in: Ernst-Ulrich Huster, Jürgen Boeckh, Hildegard Mogge-Grotjahn (Hg.), Handbuch und soziale Ausgrenzung, Wiesbaden 2008, S. 335–349

Tilman Harlander u. a., Stadtwohnen. Geschichte, Städtebau, Perspektiven; Ludwigsburg/München 2007

Tilman Harlander, Gerd Kuhn, Segregation und Mischung in Europa, in: Stadtbauwelt 196 v. 21.12.2012a, S. 16–27

Tilman Harlander, Gerd Kuhn, Wüstenrot Stiftung (Hg.), Soziale Mischung in der Stadt. Case Studies – Wohnungspolitik in Europa – Historische Analyse, Ludwigsburg 2012b

Andrej Holm, Soziale Mischung. Zur Entstehung und Funktion eines Mythos. 2009, https://gentrificationblog.wordpress.com/2009/07/29/mythos-soziale-mischung/

Andrej Holm, Gentrification, in: Frank Eckardt (Hg.), Handbuch Stadtsoziologie, Wiesbaden 2012, S. 661–687

ILS (Institut für Landes- und Stadtentwicklungsplanung), Soziale Mischung in Quartieren, ILS Trends 1/18, Dortmund 2018

Johann Jessen, Europäische Stadt als Bausteinkasten für die Städtebaupraxis. In: Siebel, Walter (Hg.): Die europäische Stadt, Frankfurt a. M. 2004

Hilmar von Lojewski, Zum Verhältnis von sozialer Durchmischung, Segregation und Gentrifizierung, in: vhw FWS 4/Juli – September 2013, S. 175–177

Magistrat der Stadt Frankfurt am Main, Vielfalt bewegt Frankfurt. Integrations- und Diversitätskonzept für Stadt, Politik und Verwaltung. Frankfurt am Main 2010

Sybille Münch, Integration durch Wohnungspolitik? Zum Umgang mit ethnischer Segregation im europäischen Vergleich, Wiesbaden 2010

München, Landeshauptstadt, Wohnungspolitisches Handlungsprogramm. „Wohnen in München VI" 2017–2021, München 2017

Ricarda Pätzold, Guido Spars, Mischen is possible!? In: vhw FWS 3/Mai–Juni 2016, S. 155–158

Andreas Reckwitz, Die Gesellschaft der Singularitäten, Zum Strukturwandel der Moderne, Berlin 2017

Stephan Reiß-Schmidt, Wachsende Stadt, entfesselter Bodenmarkt – wo bleibt der soziale Frieden? Münchner Initiative zu einer gemeinwohlorientierten Bodenpolitik, in: vhw FWS 3/Mai–Juni 2018, S. 119–122

Nikolai Roskamm, Das Leitbild von der „Urbanen Mischung". Geschichte, Stand der Forschung, Ein- und Ausblicke. (Studie im Auftrag der Senatsverwaltung für Stadtentwicklung und Umwelt), Berlin 2013

Doug Saunders, Arrival Cities, München 2011

Walter Siebel, „Segregation dient nicht zuletzt der Konfliktvermeidung", in: Stadtbauwelt 196 v. 21.12.2012, S. 68–69

Erika Spiegel, Soziale Stabilisierung durch soziale Mischung, in: vhw FW2/ April 2001, S. 75–80

Guido Szymanska, Daniela Übelhör, Wiebke Ratzeburg (Hg.), Am Rand wird's interessant. Anders wohnen im Tübinger Süden: Französisches Viertel, Wennfelder Garten, Wagenburgen, Tübingen 2018

Hans-Ulrich Wehler, Die neue Umverteilung. Soziale Ungleichheit in Deutschland, München 2013

Wüstenrot Stiftung (Hg.), Wohnvielfalt. Gemeinschaftlich wohnen – im Quartier vernetzt und sozial orientiert (Bearb.: Susanne Dürr, Gerd Kuhn), Ludwigsburg 2017

Prof. Dr. Tilman Harlander ist Architektur- und Wohnsoziologe. Er studierte Soziologie, Politikwissenschaften, VWL, Psychologie in München und Berlin und lehrte an Architektur- und Planerfakultäten in Aachen, Dortmund, Stuttgart und Lima. Von 1997 bis 2011 war er Professor für Architektur- und Wohnsoziologie an der Architekturfakultät der Universität Stuttgart (Dekan von 2002–2006) und ist seit 2011 freiberuflich tätig. Zahlreiche Publikationen, Mitgliedschaften und Jurytätigkeiten. Arbeits- und Forschungsschwerpunkte: Architektur- und Wohnsoziologie, Stadtgeschichte, Wohnungspolitik.

Open City – Der öffentliche Raum in der Stadt der kurzen Wege

Birgit Roth

„Als ich also im vergangenen Herbst begann abendliche Streifzüge durch die Stadt zu unternehmen, erwies sich Morningside Heights als guter Ausgangspunkt. … Diese Spaziergänge, ein Kontrapunkt zu meinen geschäftigen Tagen im Krankenhaus, wurden länger und länger und führten mich von Mal zu Mal weiter fort. … So drang New York City zu Beginn des letzten Jahres meiner Facharztausbildung in mein Leben ein. … Anfänglich erlebte ich die Straßen als eine unaufhörliche Geräuschkulisse, ein Schock nach der Konzentration und relativen Ruhe des Tages … Wenn ich durch belebte Teile der Stadt lief, fiel mein Blick auf mehr Menschen, hundert- oder sogar tausend Mal mehr Menschen, als ich den ganzen Tag zu sehen gewohnt war… Die Spaziergänge erfüllten ein Bedürfnis: Sie erlösten mich von der Atmosphäre strenger Reglementierung bei der Arbeit, und als ich ihren therapeutischen Wert einmal erkannt hatte, wurden sie zur Normalität und ich vergaß, wie mein Leben gewesen war, bevor ich damit begonnen hatte" (Cole 2016, S. 9).

So beginnt Teju Coles 2011 erschienener Roman „Open City". Es gibt ihn offensichtlich doch noch, den Flaneur. Oder gibt es ihn wieder? Nach 70 Jahren Stadtumbau auf der Basis von Leitbildern wie der Charta von Athen und der autogerechten Stadt schienen Beschreibungen von Stadtspaziergängen, wie die von Walter Benjamin, Franz Hessel oder Charles Baudelaire durch Paris und Berlin um 1900, überholt zu sein. Die Wahrnehmung der Stadt aus dem Autofenster ist eine grundlegend andere als die des Großstadt-Flaneurs. Seit dem Ende des Zweiten Weltkriegs war zu beobachten, wie die Bedeutung der (Innen-) Städte als Wohn- und Lebensort schwand. Das freistehende Einfamilienhaus am Stadtrand wurde über Jahrzehnte hinweg die bevorzugte Lebensform für einen Großteil der

---

B. Roth (✉)
Deutsches Institut für Stadtbaukunst, Frankfurt a. M., Deutschland
E-Mail: birgit.roth@stadtbaukunst.de

deutschen Bevölkerung, zur Versorgung mit Alltagsbedarfen wurden große Supermärkte und Einkaufszentren errichtet. Die funktionsgemischte Stadt war kein Planungsziel mehr, wie von zahlreichen Fachleuten immer wieder festgestellt wurde. Doch mehren sich seit dem Beginn des 21. Jahrhunderts die Anzeichen für einen neuerlichen Stimmungswandel. Es scheint ein neues Verständnis der Stadt zu wachsen. Der Zuzug in Großstädte, aber auch in viele Mittelstädte ist und bleibt hoch. Immer mehr Menschen möchten ihren Alltag in der Vielfalt und Nähe kulturellen und gesellschaftlichen Lebens verbringen. Gleichzeitig sinkt die Bereitschaft täglich lange Pendlerwege zurückzulegen. Das Mobilitätsverhalten ändert sich und das Auto hat als Statussymbol ausgedient. Der Fußgänger kehrt zurück in die Stadt. Für ihn und auch für Radfahrer gilt eine veränderte Wahrnehmungsgeschwindigkeit, die Stadt wird in ihrer Struktur und Materialität, mit ihren Details und Nutzungsangeboten wiederentdeckt. Der Raum, von dem aus dies geschieht ist der öffentliche Raum, der Raum zwischen dem Gebauten, den Straßen und Plätzen.

1 Die Grunddisposition des Städtischen – Öffentlich und Privat

Stadt ist das Zusammenleben von Vielen auf kleinem Raum. Erforderlich sei dafür die Ausbildung einer öffentlichen und privaten Sphäre, so Hans Paul Barth in seinen soziologischen Betrachtungen in „Die moderne Großstadt". Seine These lautet: *„Eine Stadt ist eine Ansiedelung, in der das gesamte, also auch das alltägliche Leben die Tendenz zeigt, sich zu polarisieren, d. h. entweder im sozialen Aggregatzustand der Öffentlichkeit oder dem der Privatheit stattzufinden. Es bilden sich eine öffentliche und eine private Sphäre, die in engem Wechselverhältnis stehen, ohne daß die Polarität verloren geht"* (Barth 1961, S. 38 ff.). Er bezieht sich dabei auf Max Webers Definition der Stadt als Markt, der kein geschlossenes soziales System sei, in das alle Mitglieder vollständig integriert wären.

> „Weder sind die Personen, die auf einem Markt mitspielen, vollständig in das Marktgeschehen einbezogen; sie stehen jeweils noch in anderen Sozialgefügen, die sie hinter sich gelassen haben und in die sie wieder zurückkehren und die sich nach anderen Prinzipien ordnen als der Markt. Noch auch ist ihr Verhalten auf dem Markt durch dessen Ordnung vollständig festgelegt. Im Gegenteil, die Ordnung des Marktes garantiert gerade eine gewisse Beliebigkeit der Kontaktaufnahme jedes

mit jedem, genauer: jedes Individuums mit jedem Individuum. Ein Merkmal des Marktes ist also gerade die unvollständige Integration, eine Offenheit der sozialen Intentionalität der einzelnen, deren Willkür es überlassen bleibt, mit wem, auf welche Weise und wie lange sie Kontakt aufnehmen, um zu handeln. (...) Was sich auf dem Markt im weitesten Sinn(...) anschaulich beobachten läßt, ist charakteristisch für weite Bereiche des städtischen Lebens überhaupt" (vgl. 1961, S. 38 ff.).

In der baulichen Struktur der Stadt bildet sich die Differenzierung von öffentlicher und privater Sphäre durch die Anlage von privaten Baublöcken mit dazwischenliegendem öffentlichen Raum ab. Dabei werden zwei Grundbedürfnisse des Menschen gleichzeitig ermöglicht: Begegnung und Abgrenzung. Diese Grunddisposition hat sich von der mittelalterliche Stadt bis hin zu den großmaßstäblichen gründerzeitlichen Stadterweiterungen nicht wesentlich geändert. Im öffentlichen Raum bleibt das Private in der Regel unsichtbar. Das Private, die Wohnung, ist nur denjenigen zugänglich, die explizit dort leben. Im öffentlichen Raum dagegen besteht ganz grundlegend Offenheit. Plätze und Straßen in der Stadt, aber auch Parks, sind die gemeinsamen städtischen Räume die Allen gehören. Im öffentlichen Raum kann sich jeder aufhalten, ungeachtet von Herkunft, sozialer Zugehörigkeit oder finanziellen Mitteln. Der öffentliche Raum ist ein Mikrokosmos für alle Formen des urbanen und gesellschaftlichen Lebens. Straßen und Plätze in der Stadt sind der reale Raum, in dem sich trotz sozialer Netzwerke im Internet auch heute Demonstrationen, Proteste und Gegenbewegungen jeglicher politischer Ausrichtung öffentlichkeitswirksam ereignen. Robert Kaltenbrunner bezeichnete die Straße erst kürzlich als Trainingsgelände der Demokratie. *„Zwar werden auf der Straße keine Lösungen entwickelt, und schon gar keine Gesetze formuliert. Aber hier wachsen neue Themen, hier gewinnen politische Bewegungen ihren körperlich spürbaren Rückhalt"* (Kaltenbrunner 2017, S. 28).

Öffentlich und Privat sind die zwei Seiten einer Münze, sie schließen einander grundsätzlich aus und ergänzen sich dennoch. Eine Vermischung im Sinne von „halböffentlich" erscheint unklar, nicht zuletzt müßte man fragen wann welche Eigenschaft überwiegen soll. Gemeinhin wird der Begriff „halböffentlich" meist atmosphärisch benutzt um private Räume zu beschreiben, die mehr als einer Person oder einer Familie zugänglich sind und die mit diesen, meist zahlenmäßig überschaubaren Gruppen, geteilt werden. Darin unterscheiden sie sich jedoch ganz grundlegend vom öffentlichen Raum, der ohne Einschränkung für Jede und Jeden zugänglich und zu nutzen ist.

Gerade weil der Stadtraum zunehmend droht vereinnahmt zu werden, sei es durch Entertainmentveranstaltungen oder durch konkrete Privatinteressen, wie beispielsweise Shoppingmalls oder Gated Communities, ist die Verteidigung seiner grundlegenden Offenheit, seiner Unbestimmtheit und Anonymität, dem Recht auf Individualität und die Begegnung mit Unbekanntem essenziell. Auf Straßen und Plätzen in der Stadt wird auch heute immer wieder aufs Neue „*das Verhältnis zwischen individueller Handlungsautonomie und sozialer Ordnung gehandelt*" (vgl. Kaltenbrunner 2017). Nach Jane Jacobs, der US-amerikanischen Vorkämpferin für die Wiedergewinnung des Urbanen, wird das soziale Miteinander und der notwendige Respekt auch fremder Menschen voreinander im öffentlichen Raum nicht nur auf dem Bürgersteig gelebt, sondern dort überhaupt erst durch Beobachtung erlernt. In ihrem 1961 erschienenen Buch „Tod und Leben großer amerikanischer Städte" analysiert sie:

> „In Wirklichkeit lernen Kinder, wenn überhaupt von den Erwachsenen auf den Straßen die ersten fundamentalen Zusammenhänge funktionsfähigen Großstadtlebens. Von ihnen lernen sie, daß die Menschen, auch wenn sie keine Bindungen zueinander haben, ein bißchen öffentliche Verantwortung füreinander haben müssen. Diese Lektion lernt man nicht dadurch, daß sie einem gepredigt wird. Man lernt sie nur aus der Erfahrung, daß andere Menschen, die keine verwandschaftlichen oder freundschaftlichen Bindungen zu einem oder berufsmäßige Verantwortung für einen haben, jenes bißchen öffentliche Verantwortung zeigen…" (Jacobs 1963, S. 62).

2 Der Charakter des Öffentlichen Raums

Die Nahtstelle zwischen dem Privaten und dem Öffentlichen sind die Straßenfassaden der Häuser, sie sind die bauliche Grenze und gleichzeitig die räumliche Fassung der Straßen und Plätze. „*Die Außenwände der Innenräume sind die Innenwände der Außenräume*" (Deutsches Institut für Stadtbaukunst 2013, S. 35 f.), wie Georg Franck es 2012 im Rahmen der 3. Konferenz für Schönheit und Lebensfähigkeit auf den Punkt bringt. Und auch der Wiener Städtebauer Camillo Sitte verglich in seinem berühmten Buch „Der Städtebau nach seinen künstlerischen Grundsätzen" bereits 1898 Stadtplätze mit Zimmern ohne Decke und empfahl, diese Räume entsprechend architektonisch auszugestalten (Sitte 2003, S. 6).[1] Straßenräume und Platzräume lassen sich körperlich erfahren. Im öffentlichen Raum zeigt sich das Wesen der jeweiligen Stadt oder ihrer Quartiere, ihre besondere Atmosphäre und ihr Charakter. Der Protagonist in Teju Coles „Open City" macht beim Flanieren folgende Erfahrung:

> „Eines Abends lief ich einfach immer weiter, bis zur Houston Street, die ungefähr sieben Meilen entfernt lag, und fand mich schließlich in einem Zustand verwirrter Ermüdung wieder. Ich musste kämpfen, um auf den Beinen zu bleiben. An diesem Abend nahm ich die U-Bahn nach Hause, aber anstatt sofort einzuschlafen, lag ich auf dem Bett, zu müde, um mich vom Wachzustand zu lösen. Und in der Dunkelheit ließ ich noch einmal die zahlreichen Ereignisse und Bilder meines Streifzuges ablaufen und versuchte die Begegnungen zu sortieren, wie ein Kind, das mit Bauklötzen spielt und versucht herauszufinden, welcher Klotz wo hingehört, welcher zu welchem passt. Jedes Viertel schien aus einem anderen Stoff zu bestehen, einen anderen Luftdruck zu haben, eine andere psychische Aufladung: die strahlenden Lichter und verlassenen Läden, die Sozialbauten und Luxushotels, die Feuerleitern und Stadtparks. Ich sortierte weiter, vergeblich, bis die Formen ineinander verschmolzen und abstrakte Gestalten annahmen, die nichts mehr mit der tatsächlichen Stadt zu tun hatten" (Cole 2016, S. 14).

Es ist gerade die Gestalt des öffentlichen Raums, die eine Stadt repräsentiert. Erst durch Rhythmus, Beschaffenheit und physische Präsenz der Straßenfassaden wird eine spezifische Verortung des Bewohners und damit eine Identifikation mit der Stadt oder einem ihrer Quartiere möglich. Gleichzeitig wirkt die Stadt umgekehrt auch auf den Menschen. Die Gestalt des öffentlichen Raumes ist nicht neutral. Im Guten wie im Schlechten prägt sie den Menschen und nimmt Einfluß auf sein Wesen und sein Verhalten, wie es Alexander Mitscherlich in seinem Buch „Die Unwirtlichkeit unserer Städte" 1965 beschreibt.

> „Unsere Städte und Wohnungen sind Produkte der Phantasie, wie auch der Phantasielosigkeit, der Großzügigkeit, wie des engen Eigensinns. Da sie aber aus harter Materie bestehen, wirken sie auch wie Prägestöcke; wir müssen uns ihnen anpassen. Und das ändert zum Teil unser Verhalten, unser Wesen. Es geht um einen

---

[1] Sitte zitierte als Vater dieses Gedankens Vitruv, der das Forum gemeinsam mit den Basiliken, Theatern, Ringbahnen und Thermen abhandelte, also zu den öffentlichen Gebäuden zählte, statt sie den stadtplanerischen Themen zuzuordnen. Zur Zimmer-Analogie vgl. Sonja Hnilica, Metaphern für die Stadt. Zur Bedeutung von Denkmodellen in der Architekturtheorie, Bielefeld (2012, S. 29 ff.).

im Wortsinn fatalen, einen schicksalsbildendenden Zirkel: Menschen schaffen sich in den Städten einen Lebensraum, aber auch ein Ausdrucksfeld mit Tausenden von Facetten, doch rückläufig schafft diese Stadtgestalt am sozialen Charakter der Bewohner mit" (Mitscherlich 2008, S. 9).

3 Der öffentliche Raum in der Stadt der kurzen Wege

Mit dem neuen aktuellen Focus auf die Stadt als Ort des Wohnen und Lebens – in Abkehr einer Betrachtung der Stadt als System getrennter Funktionen – erobert sich der Stadtbewohner den öffentlichen Raum zurück. In der Stadt der kurzen Wege, dichten gemischten Stadtquartieren mit Wohnen und vielfältigem Angebot, wie Einzelhandel, Kultur- und Bildungseinrichtungen, Arbeitsplätzen, Cafés und Gastronomie, usw. bewegt sich der Bewohner bevorzugt zu Fuß oder mit dem Fahrrad. Das geparkte Auto ist meist weiter entfernt als der nächste Bäcker.

Während Straßenfassaden aus einem fahrenden Auto eher als abstrakter Hintergrund wahrgenommen werden, erfasst der Blick des Fußgängers und auch des Fahrradfahres Material, Farben und Details. Da die Stadt der kurzen Wege mitnichten eine Neuerfindung ist, sondern vielmehr gute und bis heute sehr lebenswerte Vorgänger in den gründerzeitlichen Stadterweiterungen hat, lohnt die Betrachtung dieser Quartiere. Frei nach Roland Barthes in seinem Buch „Das Reich der Zeichen" möchte ich Eigenschaften skizzieren, die exemplarisch einen Qualitäts-Kanon für den öffentlichen Raum in der Stadt der kurzen Wege bilden können (Barthes 1981). Ich bediene mich dazu einem Quartier, das ich durch meine fachliche Arbeit und meine persönliche Erfahrung sehr gut kenne: das Frankfurter Nordend. Die Darstellung der einzelnen Eigenschaften erhebt dabei nicht den Anspruch eine Realität in Gesamtheit abzubilden. Mein Interesse gilt der Aufnahme einer Grammatik, die ein System bilden kann.

3.1 Block und Straßennetz

Die Straßen bilden ein funktionales Netz, das die Stadt durchzieht. Sie sichern die Erschließung aller privaten und auch öffentlichen Gebäude und sind die Räume

Open City – Der öffentliche Raum in der Stadt der kurzen Wege

Abb. 1 Schwarzplan Frankfurt-Nordend (Deutsches Institut für Stadtbaukunst)

höchster Erlebnis- und Begegnungsdichte in der Stadt. Im Nordend sind Blöcke nie länger als ein paar Gehminuten (Abb. 1).

Damit ensprechen sie der Forderung von Jane Jacobs, für die die Mannigfaltigkeit möglicher Richtungsänderungen für Fußgänger wichtig war. Eine Voraussetzung dafür, so Jacobs, sei die Ausbildung kurzer Blocks (Jacobs 1963, S. 95). In ihrer Ausrichtung und ihrem Zuschnitt korrelieren die Blöcke im Nordend mit der Wahl der Gebäudetypen und dem Zuschnitt sinnvoller Grundrisse.

Teils sind es schlanke schmale Blöcke, teils tiefere Blöcke mit Hofbebauungen und -nutzungen, aber auch Diagonalsysteme, die Blickbeziehungen auf besondere Gebäude zulassen. Alle Blöcke sind parzelliert bei kleinteiligen Eigentumsverhältnissen. Die Straßenräume bilden ein graduell hierarchisches System schmaler und etwas breiterer Räume, je nachdem ob überregionale Erschließungsfunktionen oder besondere Verkehrsmittel, wie beispielsweise Straßenbahnen, im Profil berücksichtigt werden. Alle Straßen können mit dem Auto befahren werden. Auf stärker befahrenen Straßen mit teils auch überörtlichem Verkehr sind separate Radwege ausgewiesen. Dem Fußgänger bietet dieses Straßennetz in maximal 10 min die Möglichkeit eine oder mehrere Haltestellen öffentlicher Nahverkehrsmittel zu erreichen. In kurzer Distanz liegen Schulen, Kitas und medizinische Einrichtungen, an den jeweils breiteren Straßen liegen vermehrt Einkaufsmöglichkeiten und Cafés. Im Verlauf des Weges passiert der Fußgänger einen kleinteiligen Wechsel von Hausfassaden. Stadträumlich hervorgehoben sind die Blockecken, betont durch Eckhäuser an aufgeweiteten Bürgersteigen mit

Abb. 2 Eckhaus. (Eigenes Foto)

Open City – Der öffentliche Raum in der Stadt der kurzen Wege 111

Abb. 3 Blickachse. (Eigenes Foto)

besonderen Nutzungen in den Erdgeschossen, wie Läden und Cafés (Abb. 2), oder öffentliche Gebäude, wie Kirchen oder Schulen, die durch die Inszenierung von Blickachsen zu Merkpunkten und gleichzeitig Orientierungshilfen im Quartier werden (Abb. 3).

Das verknüpfte und kleinteilige Straßennetz ist die Grundlage für kurze Wege im Quartier und ist die Grundvoraussetzung für unzählige Begegnungen im öffentlichen Raum.

3.2 Nutzungsvielfalt

Krankenhaus und Eisdielen, Grundschulen und Gymnasien, Kitas, die Frankfurter Stiftung für Blinde und Sehbehinderte, Gastronomie und Imbisse, Bäcker, Metzger, Supermärkte. Arztpraxen und Apotheken, Sparkassen und Banken, Second Hand Geschäfte und Reparaturgewerbe, wie Änderungsschneidereien, Messerschärf-Service, Puppenklinik, Schuster und Fahrradwerkstätten. Reinigungen,

Poststellen, Buchläden, Reisebüros, Sprachschulen und Frisöre, Büronutzungen, Rechtsanwälte, Architekten, Fotografen. Handwerksbetriebe, wie Installateure, Glaser, Schlosser, Dachdecker, Buchbinder und Instrumentenbau, Trinkhallen, Kino, Reformhaus, türkische und pakistanische Lebensmittelläden, Autowerkstätten, Blumen, Weinhandlungen, Fitness- und Kosmetikstudios. Und natürlich Wohnen. All das und noch mehr ist im Nordend in einem Umkreis von wenigen Minuten Fußweg „im Angebot".

Im öffentlichen Raum spielt die Vielfalt gerade kleinteiliger Nutzungen eine besondere Rolle. Schaufenster laden zum Schlendern und Verweilen ein, Cafés breiten sich mit Stühlen und Tischen auf die Gehwege aus, offene Türen laden ein im Vorbeigehen ins Gespräch zu kommen (Abb. 4 und 5).

Geschäfte präsentieren ihre Waren (Abb. 5) und Gewerbenutzungen mischen sich erdgeschossig zwischen die Läden oder können über Hofdurchgänge erreicht werden (Abb. 6 und 7).

In der Stadt der kurzen (Fuß-) Wege ist es ausschlaggebend, daß alle Alltagsbedarfe im Umfeld erfüllt werden können, immer sogar mehreres auf einem Weg erledigt werden kann. Die Nutzungsvielfalt ist der Garant von Lebendigkeit auf den Straßen zu allen Tageszeiten, sie unterstützt gesellschaftliche Vielfalt und Inklusion, generiert ein stetiges Kommen und Gehen und ermöglicht Sehen und Gesehenwerden.

3.3 Grün im Quartier

Ein wichtiges Merkmal der Stadt der kurzen Wege ist eine hohe Dichte. Nur eine hohe Einwohnerzahl macht ein vielfältiges Nutzungsangebot wirtschaftlich tragfähig. In einer guten Balance benötigt jedes dichte und kompakte Quartier öffentliche Parks und grüne Freiräume als Refugien der Erholung, aber auch der Begegnung und Aktivität.

Neben verschiedenen Parks weist das Nordend mit mehreren großen Doppelalleen einen besonderen Grüntypus auf. Es sind gestaltete grüne Stadträume, die Plätze und Parks miteinander verbinden und räumlich durch die begleitende Bebauung geformt werden. Rhythmisiert durch regelmäßige Setzung von Bäumen und Straßenlaternen (Abb. 8 und 9), werden diese auch gärtnerisch angelegten grünen Bänder genutzt zum Joggen und Spazieren, sie nehmen öffent-

Open City – Der öffentliche Raum in der Stadt der kurzen Wege 113

Abb. 4 Läden. (Eigenes Foto)

Abb. 5 Eisdiele. (Eigenes Foto)

liche Spielplätze auf und laden auf Parkbänken zum Zeitunglesen oder zu einem Sonnenbad ein (Abb. 10 und 11).

Alle Grünräume in der Stadt sind in hohem Maße klimawirksam. Die breiten Doppelalleen erlauben außerdem als Windschneisen effektiven Luftaustausch und tragen so zusätzlich dazu bei, Aufheizung im Sommer abzumindern.

3.4 Straßenraum und Gehwege

Alle Straßenräume sind durch eine begrenzenden Bebauung gefasst. Nur so entsteht „Raum". Die Breite von Straßenräumen steht in Verbindung mit der (Trauf-) Höhe der Gebäude.

Das daraus abgeleitete Proportionsverhältnis kann stehend ($b<h$), 1:1 ($b=h$) oder liegend ($b>h$) sein. Mehr aber, als über mathematische Berechnungen zur Berücksichtigung ausreichender Belichtung und Besonnung für Wohnungen, wird die Atmosphäre von Straßenräumen durch ihre Gliederung mit oder ohne Bäume,

Open City – Der öffentliche Raum in der Stadt der kurzen Wege

Abb. 6 Modeatelier. (Eigenes Foto)

mit oder ohne Vorgärten und über die Ausbildung ihrer Bürgersteige geprägt (Abb. 12, 13, 14 und 15).

Im Nordend steht die Differenzierung der Straßentypologie oft in Verbindung mit unterschiedlichen Gebäudetypen und den Nutzungen im Erdgeschoss. Straßen mit Vorgärten und Wohnen im Hochparterre münden vielfach in Straßen mit breiteren Bürgersteigen, an denen Läden und Gewerbe im Erdgeschoß zu finden sind.

Abknickende oder sich krümmende Straßen, aber auch Straßen, die T-förmig auf querverlaufende Hausfassaden zuführen werden räumlich geschlossen und gleichzeitig dynamisch wahrgenommen. Die Fassaden drehen sich ins Blickfeld, liegend spannungsvoll im Licht, Blickbeziehungen auf eine hervorgehobene Fassadengestaltung als Point de Vue machen das eigene Wohnumfeld einzigartig (Abb. 16).

Ein ästhetisches Prinzip, über das bereits der Münchener Städtebauer und Lehrer Theodor Fischer in seinen Vorträgen zur Stadtbaukunst 1919 sprach.

> „Wir stoßen hier zum ersten Mal eigentlich auf ein Erfordernis der Ästhetik, auf ein Mittel, das man der Augen wegen anwendet, das ist der richtige Schluß einer

Abb. 7 Werkstätten und mehr. (Eigenes Foto)

Straßenstrecke um den Eindruck des Räumlichen herzustellen, aber mit der ganz besonderen Betonung der Bewegungsform. Nicht das Verweilen, der Aufenthalt in diesen langen Straßenzügen liegt in unsere Absicht und in der Natur des gegebenen Raumes, sondern die Bewegung in einer Richtung. Es ist also eine psychologisch sehr naheliegende Forderung, daß ich diesem Raum ein die Augen des Wandelnden beschäftigendes Ziel gebe" (Wolfrum 2012, S. 27 f.).[2]

Alle Straßen im Nordend können „normal" zu Fuß überquert werden und stehen damit im Gegensatz zu kreuzungsfreien Lösungen mit Brücken oder Untertunnelungen. Im Nordend mischen sich im Straßenraum die Verkehre von Auto,

---

[2]Theodor Fischer hat in seiner Funktion als Leiter des Stadterweiterungsbüros in München 1893–1901 umfangreich in die Planung von Straßenverläufen eingegriffen und durch sorgfältig gesetzte Krümmungen und Abknickungen in den Fluchtlinienverläufen den Öffentlichen Raum in München nachhaltig geprägt. vgl. Theodor Fischer Atlas, München 2012.

Open City – Der öffentliche Raum in der Stadt der kurzen Wege   117

Abb. 8 Doppelallee Günthersburgallee. (Eigenes Foto)

Radfahrer und Fußgänger. Bürgersteige haben eine Breite von 3 m oder mehr. Sie ermöglichen Cafés und Läden temporäre Nutzungen im Freien und sind großzügig genug für einen Plausch auf der Straße, ohne den nächsten Passanten zu behindern (Abb. 17).

Der Wechsel unterschiedlicher Straßentypologien ist ein wichtiges Grundelement für ein differenziert erlebbares Quartier. Bürgersteige mit Bordsteinen schaffen eine räumliche Gliederung und vermitteln unmissverständlich und klar, wie sich Bewegungszonen im Straßenraum verteilen. Im Gegensatz dazu wird aktuell häufig eine ebenengleiche Ausbildung des Straßenprofils vorgeschlagen. In derart realisierten Straßenräumen ist jedoch oft zu beobachten, daß schon nach kurzer Zeit Pflanzkübel oder ähnliches aufgestellt werden, um eben jene Abgrenzung von exklusiver Fußgängernutzung zu anderem Verkehr sicherzustellen (Abb. 18).

Abb. 9 Doppelallee Eysseneckstraße. (Eigenes Foto)

3.5 Plätze

Plätze sind immer herausgehobene Situationen in der Stadt und im Quartier. Orte besonderer räumlicher Gestaltung, mit besonderer Nutzung und Zielpunkte von Verkehrsführungen. Um Plätze als Räume wahrnehmen zu können, benötigen sie „Wände". Neben Sitte greift auch Josef Stübben das Thema auf und schreibt dazu in seinem noch heute gültigen Handbuch „Der Städtebau":

> „Erst durch die Umrahmung wird aus der freien, unbebauten Fläche ein Platz. Solange die Umrahmung nur eine Linie im Lageplan, eine Einfassungsmauer, eine Pflanzung ist, also nicht den Charakter der architektonischen Wand besitzt, fehlt dem Platze die Eigenschaft des Körperlichen, des Baukünstlerischen. (…) Die den Platz umrahmenden Gebäude bedürfen eines gewissen harmonischen Zusammenklanges, welcher oft durch eine gleichförmige oder symmetrische Anordnung aber ebenso durch ein malerisches Gleichgewicht verschiedenartiger Einzelgebäude hervorgerufen werden kann" (Stübben 1980, S. 193).

Open City – Der öffentliche Raum in der Stadt der kurzen Wege

Abb. 10 Parkbank. (Eigenes Foto)

Im Nordend sind die Quartiersplätze gestaltete Aufweitungen innerhalb des Blocksystems. Rund mit Verteilfunktion für Verkehre, rechteckig mit großem Spielplatz oder als Platz vor der Schule für die Pausen, der am Nachmittag allgemein zugänglich ist. Allen ist gemeinsam, daß ihre Größe überschaubar und dem Quartiersmaßstab angemessen ist. Heute neu angelegte Quartiersplätze sind oft zu groß und verlieren sich räumlich, wie Elisabeth Merk, Stadtbaurätin in München, anläßlich der Ausstellungseröffnung *Plätze in Deutschland 1950 und heute,* treffend angemerkt hat (Merk 2015).

Im Quartier werden keine Repräsentationsplätze benötigt, sondern die von Sitte beschriebenen „Zimmer ohne Decke", Räume nachbarschaftlicher Begegnung und Nutzung, unterstützt meist durch gastronomische Angebote oder eine Trinkhalle an der Ecke (Abb. 19).

Abb. 11 Tischtennis. (Eigenes Foto)

3.6 Fassaden und Eingänge

Die Hausfassaden sind die Wände des öffentlichen Raums. Ähnlichkeiten in ihrer Gestaltung erlauben Ensemble-Wirkung und tragen dazu bei, eine Straße oder einen Platz als räumliche Einheit wahrzunehmen. Abgesehen von Reglements zur Höhe und Geschossigkeit haben im Nordend, wie in vielen Gründerzeitquartieren, wohl eher praktische Parameter zur charakteristisch ähnlichen Vielfalt, gewissermaßen einer „Familienähnlichkeit" geführt. Stehende Fensterformate für wirtschaftliche Sturzausbildungen im Mauerwerksbau, Einsatz von Musterelementen für Gesimse, Fenstereinfassungen und Sockelausbildungen. Gleiche Haustypen in gespiegelter Variation mit abgewandelten Schmuckelementen und verschiedenen Farben.

Die Tiefe von Fensterlaibungen und besondere Gebäudeelemente wie Erker, Balkone, Loggien und Zwerchgiebel dienen dabei der Verzahnung zwischen

Abb. 12 Straßenraum Egenolffstraße. (Eigenes Foto)

Öffentlich und Privat. Sie geben den Fassaden Porosität und Tiefe, rhytmisieren die Tiefe des Straßenraums und beleben ihn durch Licht- und Schattenspiel (Abb. 20 und 21).

Ganz besonders thematisieren die Hauseingänge den Übergang ins Private. Überhoch im Hochparterre, oft mit Eingangsstufen (noch nicht barrierefrei) und meist tiefer zurückgezogen sprechen sie von ihrem Gebrauch und ihrer Bedeutung: der Erkennbarkeit und Adressierung des Hauses.

Die „Straßenfassade" – der Begriff spricht für sich – formt den Straßenraum. In der sorgfältigen und möglichst auch mit dem Nachbar abgestimmten Fassadengestaltung konstituiert sich der gesellschaftliche Beitrag des einzelnen Hausbesitzers für den Straßen- oder Platzraum. In geschlossener, wie auch in offener Bebauung kommt jedoch allein der Straßenfassade, dem „Gesicht" des Hauses, diese Verpflichtung zu, nur sie ist die für den öffentlichen Raum relevante Fassade.

Abb. 13 Straßenraum Neuhofstraße. (Eigenes Foto)

3.7 Sockel und Detail – Die Stadt auf Augenhöhe

Fußgänger und Radfahrer bewegen sich langsam durch Straßen- und Platzräume. Der Passant hat Zeit Einzelheiten und Details wahrzunehmen. Die Vielfalt und Vielgestaltigkeit insbesondere des Erdgeschosses oder Hochparterres, also des Bereichs in Augenhöhe, rythmisiert und begleitet den Weg. Mehr als über die Traufhöhe der Häuser sucht das Auge im Sockel Bezüge zwischen den einzelnen Häusern, formale Verwandtschaften oder auch Unterscheidungen, Farbigkeiten, Materialien. Im Nordend sind Hauseingänge gestalterisch hervorgehoben, Läden in den Erdgeschossen haben Schaufenster. Die Ausbildung des Sockels läd mitunter zum Setzen und Verweilen ein. An tiefen Schaufensterbänken verlangsamt sich die Geschwindigkeit unwillkürlich. Sie bieten sich zur Rast an, der Schuh

Open City – Der öffentliche Raum in der Stadt der kurzen Wege 123

Abb. 14 Straßenraum Freilinggrath. (Eigenes Foto)

kann gebunden werden, die Tasche kurz abgestellt oder eine Diskussion sitzend in Ruhe zuende geführt werden (Abb. 22 und 23).

Der Sockel formuliert die räumliche Schwelle im Übergang zwischen dem Profil der Straße und dem einzelnen Haus, vom Gehweg in die aufgehende Fassade. Durch Detailreichtum, eine profilierte Tiefe und herausgehobene Materialqualität vermittelt der Sockel mehr als jedes andere Bauteil das, was Walter Benjamin „taktile Rezeption" nennt, die optische Vorwegnahme des Gebrauchs (Benjamin 2010, S. 71).[3]

---

[3] „...Die taktile Rezeption erfolgt nicht sowohl auf dem Wege der Aufmerksamkeit als auf dem der Gewohnheit. Der Architektur gegenüber bestimmt diese letztere weitgehend sogar die optische Rezeption. Auch sie findet von Hause aus viel weniger in einem gespannten Aufmerken als in einem beiläufigen Bemerken statt..." (Benjamin 2010, S. 71).

Abb. 15 Straßenraum Liebiegstraße. (Eigenes Foto)

3.8 Vorgärten

Vorgärten können wunderbare Zwischenzonen sein, die zwischen Privat und Öffentlich vermitteln. Gerade für Wohnnutzungen im Erdgeschoss oder im Hochparterre schaffen Vorgärten Distanz zum Gehweg. Sie säumen die Straße mit blühenden Stauden und Bäumen, die alle jahreszeitlichen Veränderungen erlebbar machen. Im Nordend sind die Vorgärten durch Einfriedungen, meist niedrige Sockel mit darauf angebrachten Zäunen aus Stahlstäben bis zu einer Höhe von ca. 1,80 m, räumlich deutlich gefasst und mal mehr, mal weniger, mit Hecken verwachsen (Abb. 24, 25 und 26).

Bei einer Tiefe von 4 m und mehr werden die Vorgärten, besonders zur Sonnenseite, gerne auch als privater Freibereich genutzt. Obwohl zur Straße und nicht zur privaten Hofseite, ist es die hohe raumprägende Grenze der Einfriedung, die eine solch informelle Nutzung stadträumlich ermöglicht. Der Typus ist so

Abb. 16 Straße abgeknickt. (Eigenes Foto)

prägend, daß sich bei gemeinsamer Fluchtlinie sowohl die Höhe, als auch die Art der Einfriedungen je Parzelle ändern kann. Gerade die Vielgestaltigkeit von Zaun und Pflanzungen trägt zur Individualität des Straßenraums bei. Dabei ist die Durchgängigkeit der Vorgartenzone jedoch entscheidend, schon einzelne, in Parkplätze umgewandelte Abschnitte stören die Ensemblewirkung erheblich.

Im Wechsel mit anderen Straßenraumtypologien beleben Straßenräume mit Vorgärten das Quartier und verfügen über eine hohe Wohnqualität.

4 Die Sicherheit im öffentlichen Raum

Sicherheit und Geborgenheit im öffentlichen Raum stehen in direktem Zusammenhang mit seinen gestalterischen und funktionalen Eigenschaften. Gefasste Straßen- und Platzräume ohne zugewucherte oder unidentifizierbare Resträume, zudem

Abb. 17 Breiter Bürgersteig. (Eigenes Foto)

ausreichend beleuchtet, können gut eingesehen und überblickt werden. Vielfältige Nutzungen schaffen Lebendigkeit und sorgen für die Anwesenheit von anderen Fußgängern.

Diese zunächst nur „gefühlte" Sicherheit wird jedoch auch in Kriminalstatistiken sichtbar. Wie von Karsten Palsson in seinem Buch „Humane Städte, Stadtraum und Bebauung" zitiert, vermutet der dänische kriminalpräventive Beirat eine Ursache für die Verfünffachung angezeigter Straftaten von 1947 bis 2013 in der *„Stadtentwicklung des Modernismus mit seiner Funktionstrennung und den nach innen gewendeten Wohnbauten, die Straßen und öffentlichen Räumen den Rücken zuwenden"* (Palsson 2017, S. 45 f.). Die Erkenntnis, daß Städtebau einen wichtigen Beitrag bei der Prävention bietet findet sich ebenfalls bereits bei Jane Jacobs, die ihre Heimatstadt New York immer wieder auf

Open City – Der öffentliche Raum in der Stadt der kurzen Wege 127

Abb. 18 Bochum, Claudiushöfe. (Eigenes Foto)

Abb. 19 Kleiner Platz. (Eigenes Foto)

langen Spaziergängen erkundet hat. Für sie war klar, daß eine ständig benutzte Straße gute Voraussetzungen hat eine sichere Straße zu sein, eine einsame Straße leicht eine unsichere Straße sein kann. Sie leitet drei Forderungen ab, die in den Strukturen gründerzeitlicher Viertel, insbesondere auch dem Frankurter Nordend umgesetzt sind. Erstens eine klare Abgrenzung zwischen öffentlichem und privatem Raum. Zweitens müssen, wie Jacobs es nennt „*Augen auf die Straße gerichtet sein*", d. h. die Häuser sollen sich zur Straße orientieren und drittens „*muß ein Bürgersteig ziemlich durchgehend Benutzer haben, sowohl um die Menge beobachtender Augen auf die Straße zu erhöhen als auch um genügend Menschen in den Häusern (…) anzuregen, auf die Straßen zu sehen*" (Jacobs 1963, S. 31 f.).

Abb. 20 Licht + Schatten. (Eigenes Foto)

5 Verwahrlosung oder ein Plädoyer für mehr Sorgfalt

Abgesehen von den viel zu vielen geparkten Autos (ein ganz eigenes Thema) hat sich in den letzten Jahrzehnten ein regelrechtes Wirrwarr funktionaler Elemente im öffentlichen Raum angesammelt. Neben Schilderwäldern, Pollern, Elektrokästen, Papier-, Flaschen- und Kleidersammlungscontainern sind jüngst auch noch Paketstationen und Pulks von Leihfahrrädern dazugekommen. Auf dem Boden entlarven großflächige Schraffierungen ehemals überdimensioniert geplante Straßenprofile und vermeintlich ambitionierte Bodengestaltungen mit

Abb. 21 Erker+Zwerchgiebel. (Eigenes Foto)

ornamentalen Plattenbelägen zeigen rasch Asphaltflicken, da langfristige Lagerhaltung besonderer Materialien nicht möglich ist.

Offene Tiefgaragenmäuler und Sicherheitsschranken an Stadtbahntrassen wirken abweisend, ebenso wie die zugeklebten Fenster von Supermärkten und Banken oder die maßstabssprengenden und dominanten Fassaden von Parkhäusern und technischen Gebäuden.

Für die Setzung von Straßenlaternen stehen eher Ausleuchtungsberechnungen im Vordergrund, Möblierungen, Mülleimer und sonstige Austattungen im öffentlichen Raum zeigen allzu oft die Zugehörigkeit zu ihrer jeweiligen Produktgeneration.

Abb. 22 Sockel Egenolffstraße. (Eigenes Foto)

Neben der Gestalt raumbildender Hausfassaden benötigt gerade die Berücksichtigung von Funktionselementen auf Straßen und Plätzen mehr Sensibilität, wenn nicht sogar einen grundlegenden Kulturwandel.

Für Leihfahrräder wäre eine Umnutzung von PKW-Stellplätzen naheliegender als der Verbrauch von Gehwegfläche. Technische Anlagen, Sammel- und Paketstationen könnten gut in Erdgeschossflächen untergebracht werden, beispielsweise kombiniert mit abends lange öffnenden Kiosken. Tiefgarageneinfahrten und U-Bahneingänge, die schon jetzt in Häusern integriert sind zeigen, daß sich funktionale Bedarfe und Gestaltungssorgfalt im öffentlichen Raum nicht widersprechen müssen.

Abb. 23 Sockel-Gespräch. (Eigenes Foto)

6 Mehr als das Gebaute ist der öffentliche Raum „die Stadt". Nämlich der erfahrbare und sichtbare Teil der Stadt

Julius, der New York-durchstreifende Protagonist in Teju Coles Roman „Open City", läßt sich schließlich mit Abschluß seiner Facharztausbildung nieder:

> „Montag war mein erster Arbeitstag als niedergelassener Psychater. Die Praxis … lag an der Bowery, in der zweiten Etage eines Altbaus aus der Vorkriegszeit. Es sind angenehme Räume mit großen Fenstern, die freie Sicht auf die Lampenläden gegenüber und den Himmel über ihren Dächern eröffnen. … Ich entschied mich für eine Zusammenarbeit mit Ng, obwohl es lukrativere Angebote außerhalb der Stadt gab; das verlockenste in einer Gemeinschaftspraxis in Hackensack, New Jersey. Ich hätte mehr verdient, ich hätte die Ruhe der Vorstädte genießen und komfortabler leben können, aber letztlich ist es keine schwierige Entscheidung gewesen. In der Stadt zu bleiben war die einzige mit meinem Gefühlen vereinbare Option, und ich ließ mich von meinem Instinkt leiten" (Cole 2016, S. 392 f.).

Open City – Der öffentliche Raum in der Stadt der kurzen Wege 133

Abb. 24 Vorgärten Nesenstraße. (Eigenes Foto)

Abb. 25 Vorgarten Neuhofstraße. (Eigenes Foto)

Abb. 26 Vorgarten Gluckstraße. (Eigenes Foto)

Literatur

Barthes, Roland (1981): Das Reich der Zeichen, Frankfurt.
Barth, Hans Paul (1961): Die moderne Großstadt, Reinbeck bei Hamburg.
Benjamin, Walter (2010): Das Kunstwerk in Zeitalter seiner technischen Reproduzierbarkeit, Berlin.
Cole, Teju (2016): Open City, Berlin.
Deutsches Institut für Stadtbaukunst (2013): Konferenz zur Schönheit und Lebensfähigkeit der Stadt No 3, Sulgen/Zürich, Georg Franck.
Jacobs, Jane (1963): Tod und Leben großer amerikanischer Städte, Gütersloh und Berlin.
Kaltenbrunner, Robert (2017): Wichtig ist auf'm Platz, in: DIE ZEIT No 1, 28. Dezember 2017.
Merk, Elisabeth (2015): Stadtbaurätin der Stadt München, in ihrer Eröffnungsrede zur Ausstellung des Deutschen Instituts für Stadtbaukunst „Plätze in Deutschland 1950 und heute" am 1. Juli 2015 in München.

Mitscherlich, Alexander (2008): Die Unwirtlichkeit unserer Städte. Anstiftung zum Unfrieden., Frankfurt a. M.

Palsson, Karsten (2017): Humane Städte, Stadtraum und Bebauung, Berlin.

Sitte, Camillo (2003): Der Städtebau nach seinen künstlerischen Grundsätzen. Ein Beitrag zur Lösung modernster Fragen der Architektur und monumentalen Plastik unter besonderer Beziehung auf Wien. Reprint der Erstausgabe von Mai 1889. Mit Anhang „Großstadt-Grün" (1900). Wien, Böhlau.

Stübben, Joseph (1980): Der Städtebau, Braunschweig und Wiesbaden. (Reprint der 1.Auflage von 1890).

Wolfrum, Sophie (2012) (Hrsg.): Theodor Fischer – Atlas städtebauliche Planungen München. Zum 150. Geburtstag von Theodor Fischer, München.

Dipl.-Ing. Birgit Roth ist Architektin und Wissenschaftliche Leiterin des Deutschen Instituts für Stadtbaukunst. Sie studierte Innenarchitektur in Rosenheim und Baukunst in Düsseldorf. Seit 1989 ist sie als Architektin und seit 2008 wissenschaftlich tätig, zunächst an der TU Dortmund, dann im Deutschen Institut für Stadtbaukunst. Dabei untersucht sie die morphologische und typologische Struktur der Stadt und erforscht in konkreten Modellprojekten Verfahren und Entwurfsprinzipien für sozial und funktional vielfältige kompakte Quartiere. Birgit Roth wurde 2019 in den Städtebaubeirat der Stadt Frankfurt am Main berufen.

Das Quartier auf dem Weg in eine urbane Zukunft

Alltag im urbanen Quartier

Nina Berding

1 Einführung

Unser alltägliches Zusammenleben ist längst extrem heterogen geprägt. Meist wird das schon gar nicht mehr registriert, so selbstverständlich ist es. Nur wenn die alltägliche Heterogenität mit verschiedenen gesellschaftlichen Platzierungen, wie etwa sozialer Ungleichheit einhergeht, dann gerät sie plötzlich ins Blickfeld. Die in einem solchen Fall erstmals bewusst erlebte Heterogenität wird als solche dann oftmals problematisiert und es kommt zu Debatten, in denen das diversitätsgeprägte Zusammenleben insgesamt infrage gestellt wird. Sowohl im wissenschaftlichen als auch im öffentlichen Diskurs stehen überwiegend die Problemlagen, Konflikte und vermeintlich desintegrativen Verhaltensweisen der Bewohner*innen heterogener Quartiere im Mittelpunkt der Diskussion. Mit dieser Defizitorientierung wird immer wieder eine Abwertungsdynamik in den Gang gesetzt, die schließlich auch das lokale Handeln mitbestimmt. Was jedoch im Alltag eigentlich funktioniert rückt dadurch in den Hintergrund. Dabei lässt sich durch die Fokussierung auf die Potenziale und integrativen Effekte urbanen Zusammenlebens viel über das Zusammenleben im Quartier lernen: Die Bewohner*innen sind proaktiv und handlungsfähig. Mittels Vielfaltsverarbeitungsroutinen, die ihnen individuelle Öffnungs- und Schließungsprozesse gegenüber Irritationen ermöglichen, managen sie ihren Alltag im heterogenen Quartier und tragen damit zu einem Gelingen und Funktionieren des Alltags aller Quartiersbewohner*innen bei. Sie verfolgen damit pragmatisch-praktische Handlungsweisen, die den Alltag am Leben erhalten.

N. Berding (✉)
Universität Siegen, Siegen, Deutschland
E-Mail: nina.berding@posteo.de

© Springer Fachmedien Wiesbaden GmbH, ein Teil von Springer Nature 2020
N. Berding und W.-D. Bukow (Hrsg.), *Die Zukunft gehört dem urbanen Quartier*, https://doi.org/10.1007/978-3-658-27830-4_9

Das alltägliche Zusammenleben in heterogenen städtischen Räumen ist schon immer konstitutiv durch Irritationen und Störungen geprägt, die aus der Vielfalt der verschiedenen Nutzungsmöglichkeiten und -ansprüche sowie aus den unterschiedlichen Chancen der Stadtbewohner*innen, ihre Nutzungsinteressen durchsetzen zu können, entstehen. Wenn Heterogenität sachadäquat ins Blickfeld gerückt wird, dann vermag dabei besonders deutlich werden, wie konstitutiv Irritationen und Störungen für das urbane Zusammenleben eigentlich sind und dass das, was sie ausmacht, dabei immer subjektiv ist: Was die einen stört, nehmen die anderen womöglich noch nicht einmal wahr.

Die Situation ist entscheidend für die Bewertung der Störung und Irritation. Um eine Situation entsprechend einschätzen zu können, vollziehen Stadtbewohner*innen kontinuierlich Prozesse der Situationsrahmung und -bewältigung. Dabei hängt die jeweilige Situationsrahmung u. a. vom Wissensvorrat, über den die Situationsbeteiligten verfügen (sei es als aktiv Handelnde/r oder als Beobachter*in der Situation) sowie von der Erwartung und der Haltung ab, die sie dem städtischen Raum und der jeweiligen Situation entgegenbringen (vgl. dazu Goffmann 1971; Garfinkel 1986; Giddens 1992). Darüber hinaus spielen letztlich auch die kurzfristigen persönlichen Handlungsziele eine bedeutende Rolle bei der Einschätzung und Bewertung alltäglicher Situationen. Die zum Termin eilende Managerin, die den öffentlichen Platz lediglich überquert, um schnellstmöglich von A nach B zu gelangen, stört laute Musik womöglich weniger als die ältere Dame, die sich auf einer Bank niedergelassen hat und in aller Ruhe lesen möchte.

Der Rahmungsprozess der/des Einzelnen verläuft dabei nicht aktiv bewusst, sondern folgt einem routinierten Ablauf, der für Außenstehende nicht sichtbar ist. Das alltägliche Zusammenleben im urbanen Raum erfordert damit ein hohes Maß individueller Anpassungsperformance. Mithilfe inklusiver Alltagspraktiken schaffen es die Stadtbewohner*innen, sich trotz konfligierender Interessen, Erwartungen und Haltungen im Alltag miteinander zu arrangieren und konfliktfrei nebeneinander zu existieren. Dass sie dazu in der Lage sind, beweist ein Blick auf das alltägliche Mit- oder Nebeneinander in heterogenen öffentlichen Räumen, die noch eine bunte Mischung und Nutzungsweise zulassen.

Für dieses Buchprojekt, in dem das dichte, gemischte und inklusive Zusammenleben im Quartier identifiziert und systematisiert werden soll, ist die Entfächerung der integrativen Alltagsprozesse gerade deshalb relevant, weil diese im Gegensatz zur weit verbreiteten Fokussierung auf vermeintlich desintegrative Aspekte des Zusammenlebens die Handlungsfähigkeit der Quartiersbewohner*innen deutlich macht und die inklusiven Praktiken hervorhebt, die den gemeinsamen Alltag im Quartier am Laufen halten.

Im Folgenden soll diese Anpassungsperformance der Bewohner*innen auf Basis der Ergebnisse meiner 16-monatigen ethnografischen Feldforschung

Alltag im urbanen Quartier

(2015–2016) im diversitätsgeprägten urbanen Raum Lessingplatz in Düsseldorf Oberbilk knapp dargestellt werden.

2 Zum Forschungsort

Oberbilk ist ein gewachsener, innerstädtisch gelegener, ehemaliger Arbeiterstadtteil, der seit jeher durch Diversität und Mobilität geprägt ist. Ab den 1850er Jahren wurde Oberbilk durch die hier angesiedelten Industriebetriebe zum Ankunftsort für Arbeiter*innen aus aller Welt.

Wie andere vergleichbare Stadtviertel auch (etwa Köln-Mülheim, Duisburg-Marxloh, Mannheim-Jungbusch), die als ehemalige Arbeiterquartiere mit der Entindustrialisierung einen Strukturwandel durchleben mussten, wurde Oberbilk seitens der stadtpolitischen Akteure lange Zeit vernachlässig: Statt die Potenziale in der Geschichte und in der Heterogenität des Stadtteils zu erkennen und zu fördern, wurde eher nach Maßnahmen gesucht, mit deren Hilfe die Situationen vor Ort unter dem Primat einer bürgerlichen Nutzung kontrollierbar gemacht werden sollten (vgl. dazu Berding 2018).

Wie der Stadtteil insgesamt, wurde auch der von mir in der Feldforschung besonders fokussierte urbane Raum Lessingplatz viele Jahre als das Sorgenkind von Politik und Verwaltung betrachtet. Der Lessingplatz ist ein großer, von Bäumen umsäumter Platz, der verschiedene Nutzungsmöglichkeiten (Sportplatz, Spielplatz, Marktplatz, Aufenthaltsort) bietet. Er soll – und das spiegelt eben auch seine materielle Ausstattung wieder – einen Ort im Quartiersgefüge darstellen, der zum Verweilen einlädt, unterschiedliche Nutzer*innengruppen gleichzeitig anspricht und Raum für Interaktionen bietet. Die Nutzer*innen des Platzes spiegeln dabei die gesellschaftliche Zusammensetzung des Quartiers insgesamt wider.

Die Diskussion um eine offene Drogen- und Trinkerszene, Unsicherheitsgefühle – insbesondere in der Nacht – sowie Kriminalität (vor allem Diebstähle) und abweichendes Verhalten (z. B. offenes Urinieren) sind Themen, die lange in der öffentlichen Debatte diskutiert wurden. Unterschiedliche lokalpolitische und zivilgesellschaftliche Akteur*innen haben mit zahlreichen Maßnahmen (Abriss des Kiosks, Verschönerung des Platzes durch Begrünung, Kunst (Graffiti), Platzierung einer Give-Box, Einsatz von Streetworker*innen als Ansprechpartner*innen für Jugendliche und Kinder, Durchführung von Festen und Veranstaltungen) immer wieder versucht, den Lessingplatz umzugestalten und aufzuwerten – ein Prozess, in dem unterschiedliche Akteur*innen um den Raum konkurrieren und ihr individuelles Raumverständnis und ihre Wahrnehmung von Lokalität durchsetzen wollen. Dabei kommt es zu Auseinandersetzungen zwischen hegemonialen und subalternen Sichtweisen – es treffen sozusagen „differente Sichtweisen auf eine spezifische Lokalität" (Baumgärtner 2009, S. 75) –, etwa wenn hegemoniale Wahrnehmungen des Ortes von Minderheiten infrage gestellt werden.

Fragt man die Anwohner*innen, was für ein Ort der urbane Raum Lessingplatz für sie ist, so zeichnen sie ein vielfarbiges Bild vom Lessingplatz. Sie beschreiben ihn als einen grünen Ort mit vielen Bäumen, einem Spielplatz und Tischtennisplatten, mit Bänken und Wiesen, die zum Verweilen einladen, als einen Ort der Begegnung mit einem Marktplatz, auf dem jeden Donnerstag ein kleiner Markt stattfindet, als Ankerpunkt für die Quartiersbewohner*innen, aber auch als einen Ort der Unsicherheit und Armut, okkupiert von Trinker*innen, Dealer*innen und gewaltbereiten Jugendlichen. Nie ist der urbane Raum Lessingplatz dabei nur das eine oder das andere, schwarz oder weiß, sondern meist eine Mischung aus vielem. Zwischen „grüner Idylle" und „sozialem Brennpunkt" könnten die Assoziationen der Anwohner*innen extremer nicht sein.

Betrachtet man, wie die unterschiedlichen Nutzer*innen mit der Diversität im urbanen Raum Lessingplatz alltagspraktisch umgehen, so wird deutlich, dass das alltägliche Zusammenleben zwar von Störungen und Irritationen geprägt ist, aber Vieles nichtsdestotrotz ganz nebenbei funktioniert. Die Stadtbewohner*innen verfügen über ein breites Repertoire an Vielfaltsverarbeitungsroutinen und Platzierungsmechanismen, mit denen sie der Komplexität des Alltags und einer oft angenommenen Überforderung begegnen:

3 Die Bewohner*innen im Quartier

3.1 ... schaffen sich Alltagsorte

„Zu allen für mich wichtigen Orten komme ich zu Fuß in zwanzig Minuten, sei es der Volksgarten, seien es die äh ja Einkaufsmöglichkeiten, zu meinen Lieblings-Cafés komme ich schnell, zur Arbeit, da gehe ich immer zu Fuß. Alles ist für mich einfach total nah erreichbar. Das ist einfach, ja praktisch halt" (G 8).

Im Rahmen meiner Feldforschung wurde deutlich, dass die Bewohner*innen des urbanen Raums Lessingplatz bestehende (gewachsene) Strukturen im Stadtteil besonders schätzen, weil sie ihnen das Alltagsleben erleichtern. Mit der Nähe zur Innenstadt, zum Hauptbahnhof und zum Volksgarten verfügt Oberbilk über eine durch kurze Wege geprägte Infrastruktur, die schnelle Mobilität – wenn möglich eben auch zu Fuß – zu zentralen Orten des alltäglichen Bedarfs ermöglicht. Im Quartier findet sich in fußläufiger Entfernung ein vielfältiges Angebot an Freizeitgestaltungs- und Einkaufsmöglichkeiten. Ob die Metzgerei nebenan, eine Auswahl an Shishabars und Cafés sowie Restaurants, der Friseur oder der 24 h Kiosk um die Ecke, Oberbilk bietet eine Vielzahl an international ausgerichteten Dienst- und

Einzelhandelsläden. Hinzu kommt ein, zumindest im Düsseldorfer Vergleich, noch einigermaßen bezahlbares Wohnraumangebot.

Der urbane Raum Lessingplatz ist in seiner Gesamtstruktur also ein Ort, der die zentralen *needs* Wohnen, Arbeiten, Freizeit und Bildung kompakt miteinander vereint. Dabei hat sich im Rahmen meiner Forschung herausgestellt, dass kurze Wege aus einer Bedürfnisgrundlage der Bewohner*innen resultieren. Einzelne Befragte sind sogar gerade aufgrund dieser Strukturen in den Stadtteil gezogen. Kurze Wege helfen dabei, Mobilität, Diversität, Arbeit, Versorgung sowie Wohnen und Kultur auf hohem Niveau gleichzeitig quartierzentriert, kleinräumig und ökologisch zu reorganisieren. Darüber hinaus halten sie das Quartier lebendig und erzeugen durch die Bereitstellung vielfältiger Handlungs- und Entfaltungsmöglichkeiten auf engstem Raum das Flair, das viele der Bewohner*innen als urbane Lebensweise schätzen. Aus der Vielfalt an Möglichkeiten suchen sich die Bewohner*innen ihre zentralen Alltagsorte heraus und bewegen sie entsprechend ihrer individuellen ‚Landkarten' durch den urbanen Raum.

Durch lokale Debatten, in denen der Stadtteil und seine Bewohner*innen als randständig klassifiziert werden, geraten auch die individuellen Alltagsorte für Einzelne, insbesondere für ohnehin marginalisierten Gruppen, in Gefahr. Derartige Diskussionen, die meist tradierte hegemoniale Diskurslinien aufgreifen, in denen bestimmte Newcomer*innengruppen als Sündenböcke identifiziert werden, behindern die Platzierung und damit das Schaffen von Alltagsorten des Einzelnen im Quartier.

3.2 ... schaffen sich Rückzugsorte

> „Ich kann mich hierhin zurückziehen und da hab ich meine eigene kleine Oase und Ruhe. Das brauche ich schon und finde das auch extrem wichtig. So mein eigenes Reich" (GP 6, Z: 18–21).

Im Rahmen der Forschung wurde deutlich, dass sich die Bewohner*innen Routinen des Rückzugs angeeignet haben, um mit der Komplexität des Alltags umgehen zu können. Erstens sind sie Beobachter*innen: Sie nehmen als Beobachter*innen Situationen im öffentlichen Raum wahr und müssen sich dadurch nicht aktiv an der Situation beteiligen. Sie können unter dem Schutzmantel des/der Beobachter*in am turbulenten, urbanen Alltagsleben teilhaben, ohne direkt involviert zu sein. Auf diese Weise lassen sich Konflikte und Störungen sowie irritierende Situationen im Alltag leichter verarbeiten. Irritierendes kann als Teil eines fremdes *settings,* das den eigenen Alltag nicht erheblich stört oder in ihn eingreift, wahrgenommen und auf diese Weise leichter hingenommen werden. Zweitens ziehen sie sich in die eigenen vier Wände zurück: Der Rückzug in den privaten Raum hat sich ebenfalls als wichtiger Schutzmechanismus für die Bewohner*innen herausgestellt. Um sich vor zu vielen Eindrücken – dem Lärm und Trubel im urbanen Quartier – zu erholen, betrachten die Bewohner*innen ihren privaten Rückzugsort als zentralen Entspannungs- und Erholungsort.

3.3 ... akzeptieren eine Nicht-zu-Ende-Wissen

„Ich find's halt gut, wenn du einfach aus der Tür gehst oder von a nach b und auf dem Weg von a nach b passieren irgendwie drei Dinge wo du denkst Wat ist jetzt hier gerade passiert so was war das denn und dann denkst du irgendwie drüber nach oder eben nicht, aber wenn du drüber nachdenkst so ja ne dann war das wohl innerhalb dieses Dunstkreises wo das halt grad passiert ist, war es wohl völlig folgerichtig und du verstehst es gerade gar nicht aber es wird schon seinen Sinn haben" (I Z. 294–299).

Die Bewohner*innen erleben im Alltag ständig Situationen, die sie sich nicht erklären können. Die Unzuortbarkeit von Situationen und damit Handlungsweisen Anderer ist für viele Bewohner*innen gerade das, was das Leben im Quartier spannend und weniger langweilig werden lässt. Sie trägt dazu bei, dass Irritierendes und Fremdes nicht direkt gewertet, bzw. in feste Kategorien eingeordnet wird. Dadurch entsteht ein Verständnis dafür, dass Handlungsweisen innerhalb ihres ‚eigenen Dunstkreises' sinnhaft sein können, auch wenn sie im ‚eigenen Dunstkreis' möglicherweise Irritationen hervorrufen. Dieses *Nicht-zu-Ende-Wissen* ist eine elementar wichtige Vielfaltsverarbeitungsroutine, denn aus sozialpsychologischer Sicht ist es für das Individuum immer einfacher, Dinge in bestehende Kategorien zu gießen, um sie für sich selbst erklärbar zu machen. Der urbane Alltag reicht aber als Zuordnungskategorie aus und ermöglicht, die Verschiedenheit des Alltags zu fassen und mit einer gewissen Offenheit zu betrachten. Damit ist der urbane Alltag auch ein zentraler Lernort für den Umgang mit Diversität. Durch das ständige Erleben neuer Situationen und die Gewissheit, diese nicht immer verstehen zu müssen, sondern *Nicht-zu-Ende-Wissen* zu dürfen, wird Offenheit und Verständnis, aber auch Distanziertheit und Blasiertheit stetig ausgeübt.

3.4 … akzeptieren Differenzen

„Ja, weil ich würde jetzt auch nicht in so ein Männer Café gehen, dann würde ich mich wirklich wie ein Eindringling fühlen. Also vor allem so als einzige Frau, dann weckst du da halt irgendwie Aufmerksamkeit als dir lieb ist und, also da möchte man den Leuten auch nicht zu nahe treten, wenn die da halt so ihre eingefahrenen Strukturen haben und sich da alle kennen, dann will ich mich ja nicht neben dran setzen und sagen hey ich bin auch hier, ich will jetzt auch ein Kaffee hier trinken. […] ich finde es total in Ordnung dass man so ko-existiert. Und es gibt ja immer wieder Anknüpfungspunkte was ich ja zum Beispiel total genieße ist halt tatsächlich dass man ab und zu hier dann da vorne in dem Restaurant da mal essen geht. Da, hat man so ein bisschen was Exotisches, kann man sich halt mal marokkanische Küche gönnen. Da sind dann halt auch viele Marokkaner die da essen gehen. Also das ist ja auch glaube ich hier im Viertel auch unter den, ja unter den Marokkanern dann auch ein angesehenes Restaurant. Da sind dann halt auch wieder so Punkte wo man sagt okay da ist auch die marokkanische Community da und da habe ich überhaupt kein Problem mich drunter zu mischen, aber da fühle ich mich halt auch irgendwie wohler in der Umgebung. Aber ich würde jetzt halt von mir aus auch nicht unbedingt eine Shisha Bar hier aufsuchen, weil ich jetzt halt auch nicht so viel Shisha rauche und da habe ich jetzt auch überhaupt kein Bedarf hinzugehen. […] Gekonntes einander vorbeileben/lacht" (I 3).

Die Nutzer*innen des urbanen Raumes sind Expert*innen für den diversitätsgeprägten Alltag. Sie sind in der Lage, mit den unterschiedlichen Lebensstilen, die im Quartier zusammentreffen, umzugehen. Zentral ist dabei das stetige Setzen von Grenzen. Die individuellen Formen der Differenz, also der Grenzmarkierung, ermöglichen nämlich erst Freiräume für differente Lebens- und Verhaltensweisen und sorgen so für eine Co-Orientierung unterschiedlicher Gruppen auf dem öffentlichen Platz.

Die Koexistenz unterschiedlicher Lebensstile nehmen die Bewohner*innen als normale Konstituente des Quartiers wahr. Das bedeutet gleichzeitig, dass sie anpassungsfähiger gegenüber Neuem und Fremden sind. Irritationen werden nicht als störend wahrgenommen, sondern als alltäglicher Bestandteil des Lebens, weil Diversität eben dazu gehört. Entscheidend dabei ist, dass sich der/die Einzelne seine/ihre eigenen Berührungspunkte schaffen kann und sich von Situationen, in die er/sie nicht stärker involviert werden will, abgrenzen kann. Dieser Rahmungsprozess, der stetig von Situation zu Situation stattfindet, zeigt, wie fähig die Bewohner*innen sind Vielfalt zu managen und zu akzeptieren und dabei den eignen Alltag am Gang zu halten.

4 Fazit: Das ‚Bedienen am Alltag' ermöglichen

Zusammenfassend lässt sich festhalten, dass der Alltag der zentrale Bezugspunkt der Quartiersbewohner*innen ist. Hier kommen sie zur gleichen Zeit genauso zusammen, wie sie sich voneinander distanzieren. In diesem durch den ständigen Wechsel zwischen Offenheit und Verschluss gekennzeichneten Prozess, arrangieren die Quartiersbewohner*innen ihr Zusammenleben, lösen Konflikte und versuchen, ihre individuellen wie auch kollektiven Interessen durchzusetzen, halten dabei aber auch Störungen und Irritationen als stadtinhärente Prozesse aus. Das ‚Bedienen' am Alltag kann den Quartiersbewohner*innen durch Einflüsse von außen erleichtert oder auch erschwert werden, wie im Rahmen der Forschung deutlich wurde. Erleichtert wird es ihnen, wenn folgende Bedingungen erfüllt werden:

a) Es existiert eine durch die *urban policy* unterstützte needs-orientierte Infrastruktur, die allen Quartiersbewohner*innen Wohnen, Arbeiten, Bildung und Freizeit entsprechend ihrer individuellen Urbanitätsbedürfnisse ermöglicht. Das bedeutet: Kurze Wege, Zugang zu wichtigen Institutionen und Ämtern, eine die Diversität und individuelle Urbanität unterstützende Infrastruktur (etwa Sprachenvielfalt, Ankommensstrukturen).
b) Öffentliche Räume sollten Orte der Platzierung für alle Bevölkerungsgruppen im Quartier bieten. Nur so sind alle Gruppen, erstens, sichtbar und können sich, zweitens, über ihre lokale Platzierung am gesellschaftlichen Leben beteiligen. Eine moderne Stadtentwicklungspolitik sollte Räume für Konflikte bewusst offen halten, da Konflikte in einem von Diversität geprägten Setting konstitutiv sind und deren Aushandlung damit dementsprechend notwendig ist. Das Miteinander-Ringen um einen Ort und die individuelle oder gruppenspezifische Vorstellung von der Repräsentation dieses Ortes ist nichts *stadt-besonderes,* im Gegenteil: Diese multiplen und in ihrer Intensität unterschiedlich verlaufenden Aushandlungen zwischen den unterschiedlichen Akteur*innen bilden einen *stadtinhärenten* und damit *stadterschaffenden* Prozess.
c) Die Schaffung von Möglichkeiten zur Interaktion und Begegnung sollte in der Gestaltung der öffentlichen Räume demnach *die* zentrale Maxime sein. Jedoch sollten vorgefasste Imaginationen von den Wirkungen, die mit den Interaktionen und Begegnungen oftmals verknüpft sind, überdacht werden. Nicht gemeinschafts-, sondern gesellschaftszusammenbringende Maßnahmen und Programme ermöglichen Interaktionen und Begegnungen der

Quartiersbewohner*innen auf einer wertfreien, glokalorientierten, *antinational-ethnischen* Basis. Vor diesem Hintergrund ist es wichtig, tradierte lokale (stadt- und sozialpolitische-) Maßnahmen und Programme im Hinblick darauf zu überdenken, inwieweit sie dazu geeignet sind, alle Quartiersbewohner*innen einzubinden.

d) Das Handeln stadtpolitischer/gesellschaftspolitischer Akteur*innen, seien es Vertreter*innen formaler Institutionen oder loser Interessensgruppen, sollten vor allem die Potenziale des Quartiers in den Blick nehmen, statt auf die alltäglichen Konflikte zu fokussieren. Vieles funktioniert im Alltag der Bewohner*innen und trägt dadurch dazu bei, dass durch Diversität geprägte Quartiere vielfältige Unterstützungsleistungen für ihre Bewohner*innen bieten können. Dies bedeutet nicht, dass Irritationen und Probleme im Alltag ausgeblendet werden sollen. Sie sind da und müssen verhandelt/ausgehandelt werden. Dazu bedarf es aber eines offenen Quartiers, in dem die urbanen Kompetenzen der Bewohner*innen zum Tragen kommen können.

e) Stadtpolitisches Handeln sollte daher immer auch diskurssensibel sein. Dies bedeutet, dass das jeweilige Handeln nicht nur an den konkreten Aktionen und Umsetzungen vor Ort kalibriert und gemessen werden, sondern auch auf mögliche Auswirkungen auf den stadtgesellschaftlichen Diskurs hin abgeklopft werden sollte. In ihrer Intention gut gemeinte Programme, die bspw. Benachteiligungen in Quartieren entgegenwirken und eine Aufwertung in Gang setzen sollen, können nicht-intendierte, aber schwerwiegende, negative Folgen für einzelne Akteur*innen, bestimmte Gruppen oder das gesamte Quartier haben, wenn gleichzeitig mit der Umsetzung vor Ort eine unheilvolle diskursive Abwertungsdynamik in Gang gesetzt wird.

Für die Zukunft des Stadtteils gilt es also, die sich bewährten und von den Bewohner*innen geschätzten Strukturen (Diversität sozialer Milieus, Mobilität im Sinne einer guten Infrastruktur, günstiger Wohnraum, usw.) zu bewahren und den Stadtteil weiterhin als Ort, der die Bedürfnisbefriedigung im Alltag ermöglicht, in dieser Funktion zu stärken.

Literatur

Baumgärtner, Esther (2009): Lokalität und kulturelle Heterogenität. Berlin: transcript.
Berding, Nina (2018): Der urbane Raum Lessingplatz in Düsseldorf-Oberbilk. Städtischen Alltag arrangieren: Eine ethnografische Studie über ganz alltägliche Konflikte im Umgang mit urbaner Vielfalt. Unveröffentliche Dissertation, Universität zu Köln, 2018.

Garfinkel, Herold (1986): Ethnomethodological studies of work. London: Routledge & Kegan Paul.

Giddens, Anthony (1992): Die Konstitution der Gesellschaft. Frankfurt a. M.: Campus Verlag.

Goffman, Erving (1971): Verhalten in sozialen Situationen. Strukturen und Regeln der Interaktion im öffentlichen Raum. Gütersloh: Verlagsgruppe Bertelsmann.

Nina Berding absolvierte das Studium der Germanistik, Romanistik und Soziokulturellen Studien (Ethnologie und Sozialwissenschaften) an der WWU-Münster, Universidad de La Rioja in Logroño und an der Europa Universität Viadrina in Frankfurt/Oder. Im November 2018 hat sie ihre Dissertation mit dem Titel „Der urbane Raum Lessingplatz in Düsseldorf-Oberbilk. Städtischen Alltag arrangieren: Eine ethnografische Studie über ganz alltägliche Konflikte im Umgang mit urbaner Vielfalt" an der Universität zu Köln erfolgreich abgeschlossen.

Öffentliches Leben im Quartier – oder: Die Späti-Moderne

Wolfgang Kaschuba

Das Quartier hat in den letzten Jahren Karriere gemacht: auch als Viertel, Kiez, Nachbarschaft – je nach urbaner Region und lokaler Tradition. Unter welchem Label auch immer hat es sich jedenfalls vom urbanen Aschenbrödel zur metropolitanen Prinzessin gemausert. Denn es verkörpert heute einen wieder entdeckten sozialen Mikrokosmos in unseren Städten, der Charme und Atmosphäre verspricht, Verwurzelung und Echtheit, neuerdings sogar städtische Heimat. Und längst kein schönes leeres Versprechen mehr, sondern pralle urbane Realität sind auch die sozialen Aktivitäten und politischen Initiativen, die von dieser städtischen Grundeinheit nun ausgehen: das Quartier als Hauptquartier der Zivilgesellschaft!

Was vorher also lange eher als Makel galt: das Quartier in London, das Viertel in Köln oder Wien, der Berliner Kiez als sozial stigmatisierter Raum mit eher proletarischem Stallgeruch, der auf Unterschicht, Bierhalle und Rotlicht verwies, auf eine Mischung von urbaner Provinzialität und Prekarität – das markiert und verkörpert heute überall umgekehrt Authentizität und Originalität. Hier, im urbanen Quartier – so scheint es – finden wir endlich unsere lebensweltliche Grundeinheit: unsere Wurzeln, unsere Bindungen, unsere Identität.

Kiez-Kultur als neue urbane Infrastruktur?
Seriöser formuliert: Der soziale Raum und das kulturelle Profil des urbanen Quartiers haben sich in den letzten zwanzig Jahren dramatisch verändert. Aus mindestens drei Gründen: Zum einen hat sich mit dem wachsenden Städtetourismus

---

W. Kaschuba (✉)
Berliner Insitut für Migrationsforschung, HU Berlin,
Berlin, Deutschland
E-Mail: kaschuba@kaschuba.com

© Springer Fachmedien Wiesbaden GmbH, ein Teil von Springer Nature 2020
N. Berding und W.-D. Bukow (Hrsg.), *Die Zukunft gehört dem urbanen Quartier,* https://doi.org/10.1007/978-3-658-27830-4_10

und unseren sich verändernden Lebensstilen in vielen Quartieren eine immer weiter ausdifferenzierte Dienstleistungsökonomie entwickelt, deren Umsätze und Preise dramatisch steigen: von den Cafés bis zu den Restaurants, von den Clubs bis zu den Theatern, von Airbnb bis zu den Hotels, von den Wohnungen bis zu den Gewerbemieten. Damit wächst dramatisch auch die Zahl neuer, freilich oft niedrig bezahlter Arbeitsplätze im Sevicebereich. Zum zweiten sind vor allem die innerstädtischen Quartiere nach der langen Krise der Stadt in den letzten Jahren zu attraktiven Lebenswelten geworden, in denen „Kultur" in all ihren Varianten von der Sub- bis zu Hochkultur das wesentliche lokale wie symbolische Kapital bildet: vom Nachbarschaftscafé über die Kunstgalerie bis zum Theater. Und zum dritten und vor allem ist es die städtische Zivilgesellschaft, die das Quartier im Angesicht seiner fortschreitenden Gentrifizierung zu einem neuen identitären wie politischen Handlungsfeld macht: zum Verhandlungs- und Aktionsraum einer lebensweltlich orientierten und sozialmoralisch argumentierenden Bürgerbewegung.

Diese Entwicklung zeichnet sich jedenfalls als Tendenz ab, die sich in den einzelnen Städten zwar durchaus unterschiedlich vollzog und vollzieht, die aber dennoch zwei gemeinsame Merkmale aufweist: Zum einen haben Stadtplanung und Stadtforschung (endlich!) registriert, dass es nicht nur die „großen" urbanen Infrastrukturen sind, die städtische Bevölkerungen zufrieden und „glücklich" machen. Vielmehr sind es gerade auch die „kleinen" Strukturen und Kontexte, die im lebensweltlichen Umfeld versichern und wertgeschätzt werden: dichte soziale Beziehungen, offene Räume, grüne Umwelten. Zum andern entwickeln die Stadtgesellschaften selbst eine neue und vielfältige Praxis nachbarschaftlicher Kontakte und bürgergesellschaftlicher Initiativen, die das Quartier als einen konkreten „kognitiven" Wahrnehmungs- und Handlungsraum markieren.

Wie folgenreich, ja: dramatisch die Auswirkungen dieses Prozesses tatsächlich sind, zeigt ein kurzer Blick auf den Wandel in der urbanen Topografie. Noch in den 1980er Jahren kann von Berlin bis Bielefeld kaum davon die Rede sein, dass im Quartier echte Verweil- und Kommunikationsräume für seine Bewohner existieren. Die wenigen Spielplätze und Parkbänke draußen, die noch seltenen Cafés und Restaurants mit Außenterrasse, das dünne soziale wie kulturelle Netzwerk nachbarschaftlicher Beziehungsformen und Bezugsräume: All dies bietet noch wenig Anreiz, sich in einem eher grauen und leeren Draußen zu treffen und dafür seine bequeme private Sofa- und Fernsehecke zu verlassen – wenn man nicht gerade mit den Kindern spielen oder mit dem Hund Gassi gehen muss. Öffentlicher Raum und öffentliches Leben scheinen da noch eher Fehlanzeige, weil sich auf öden Parkplätzen und in ramschigen Fußgängerzonen kaum nachhaltige kulturelle Orte und kommunikative Praktiken im sozialen Nahraum entwickeln können.

Neue Impulse ergeben sich erst durch eine umfassende „Kulturalisierung" der Stadträume. Denn mit der tiefen Krise der Städte von den Kriegsjahren bis weit in die 1970er Jahre hinein wächst auch die Erkenntnis, dass Kultur zum rettenden Ufer werden kann und muss. New Yorks große symbolische Rettungsaktion steht dabei weltweit für die urbane Wende: 1971 wirbt dort das T-Shirt „I love New York" in einer riesigen PR-Aktion dafür, trotz Müll und Kriminalität, trotz Luftverschmutzung und Spekulation die sterbende Stadt nicht zu verlassen. Im selben Jahr appelliert auch der Deutsche Städtetag: „Rettet unsere Städte jetzt!" Städte sollen damit jedenfalls keine bloßen Job-, Wohn- und Verkehrsmaschinerien mehr sein, sondern auch attraktive lebensweltliche und lebenswerte Stadtlandschaften werden, in denen sich unterschiedliche Milieus, Generationen und Gruppen mischen.

Und diese Rettung gelingt: Mit der Festivalisierung der Stadtkultur in den 1970er Jahren, deren Institutionalisierung dann in den 1980ern, mit den großen Musik- und Kunstevents der 1990er und schließlich der Mediterranisierung, also der systematischen Verstrandung und Verpalmung der Innenstädte in den 2000ern ist eine neue städtische Kulturlandschaft entstanden, die sich auf nachhaltige Veranstaltungsreihen und Festformen stützt, auf Musik- und Jugendclubs, auf Galerien und Museen, auf Partyräume und Stadtstrände und die sich in Ansätzen dann so ähnlich auch in Mittel- und Kleinstädten formt.

Denn diese aktive Kulturalisierung „von oben" schafft in ihrem Zusammenwirken vielfältige Ansätze einer neuen soziokulturellen Infrastruktur in den Städten. Und diese Infrastruktur wird von der Stadtgesellschaft und insbesondere von deren zivilgesellschaftlichen Kernen schnell und kreativ aufgenommen: von Kulturvereinen und Soziokulturellen Zentren, von Öko- und Bürgerinitiativen, von Musik- und Kunstszenen, von Sport- und Esskulturen, die gemeinsam nun die Stadträume zugleich auch „von unten" kulturell wie sozial aktivieren.

Damit explodiert die Zahl der bürgerschaftlichen Akteure und Initiativen, die sich weit über das herkömmliche Vereinsspektrum hinaus lokal organisieren und engagieren und die dabei vor allem auch „interventionistisch" tätig werden: Sie schalten sich ein in Stadtplanungs- und Verkehrsdebatten, entwickeln eigene Konzepte von städtischem Grün und urbaner Ökologie, kämpfen um Kitas und Nachbarschaftscafés im Kiez. Und sie wehren sich vor allem zunehmend gegen den spekulativen Zugriff auf öffentlichen Raum und städtischen Wohnraum wie gegen den wachsenden Druck touristifizierender und gentrifizierender Prozesse. Damit erklärt die Stadtgesellschaft selbst ihre Zuständigkeit für die Entwicklung und Nutzung der Stadtraumes und sie reklamiert damit gleichzeitig neue Formen der Mitbestimmung und der Teilhabe für sich.

So ist es vor allem dieses infrastrukturelle wie soziale Fundament einer neuen Stadtkultur, das dann wesentlich die Basis schafft auch für neue und lebendige Entwicklungen in Nachbarschaft und Quartier. Und deshalb sieht die heutige Topografie und Infrastruktur urbaner Quartiere auch so deutlich anders aus als noch in den 1980er Jahren. Statt der klassisch kargen Ausstattung von damals mit Eckkneipe und Zeitungskiosk, mit Supermarkt und Pommes-Stand, mit Parkbank und Kindergarten spielt sich das Quartierleben heute in einem hochkomplexen Bezugsfeld alter und neuer Infrastrukturen ab, deren Standorte und Nutzungsformen sich untereinander in sozialen Alltagspraktiken vielfältig weiter verzweigen, vernetzen und verdichten. Späti und Coffeeshop, Bezirksmuseum und Galerie, Hallenbad und Urban Beach, Sportstudio und Sauna, Club und Café, Wochenmarkt und Food-Festival, Vintage-Laden und Public Viewing-Kneipe, Kita und Yogazentrum, Quartiersmanagement und Seniorentreff, dazu noch Bürgersteig und Marktplatz, Hinterhof und Park, die – nun bepflanzt und begrünt – die gemeinsame Pflege von Kiezgärten wie die gemeinsame Protestversammlung ermöglichen: All diese vielen Orte und Praktiken „um die Ecke" schaffen heute eine neue räumliche und soziale Dichte von Kommunikation und Interaktion. Und sie erschaffen als gemeinsames lokales Netzwerk damit lebensweltliche „Kontaktzonen", in denen sich unsere alltäglichen Bedürfnisse und Gewohnheiten offen zeigen und öffentlich begegnen. Ich bin, was ich esse, was ich im Headset an Musik höre, wen ich treffe, wie ich über Kita und Miete rede und mit wem zusammen ich bürger-initiativ werde: Hier fügen sich verwandte Lebensstile und individuelle Lebensentwürfe zu identitären Profilen, deren Blaupausen sich vielfach im Quartier finden und sich dort auch weiterentwickeln.

Gesellschaft der Lebensstile
Denn in unserer spätmodernen Gesellschaft der Lebensstile rückt das aktive Moment der Lebensplanung und der Lebensgestaltung immer weiter in den Vordergrund unserer Bedürfnisse. Wir werden heute nicht mehr einfach in Lebenswelten und Sozialmilieus hineingeboren, wie noch in den Städten des 19. und 20. Jahrhunderts, als eine aktive Umgestaltung der individuellen Lebensstile und Lebenswerte kaum denkbar war angesichts der noch starken formativen wie normativen Kraft der sozialen Milieus. Pierre Bourdieus Theorie der „feinen Unterschiede" setzte noch an dieser Statik der sozialen Milieus in der Nachkriegsgesellschaft an.

In den letzten Jahren jedoch tritt nun stärker die Idee der Autonomie des Individuums in den Vordergrund, also der Gestaltbarkeit von Lebensentwürfen und der Wählbarkeit von Gruppenzugehörigkeiten. Natürlich gilt diese Wahlfreiheit keineswegs für alle und überall, dazu ist die Verteilungsungerechtigkeit im

Blick auf wirtschaftliche wie bildungsmäßige Ressourcen nach wie vor zu hoch. Dennoch erscheint es mittlerweile als eine feste Vorstellung vor allem der jungen Generationen, dass Bildungswege und Wissensformen, berufliche Perspektiven und soziale Netzwerke, Lebens- und Freizeitstile von ihnen weitgehend selbst bestimmt und gestaltet werden wollen. Dass damit auch darüber entschieden werden kann, was von der sozialen wie der kulturellen, der ethnischen wie der religiösen „Erbschaft der Eltern" tatsächlich übernommen wird. Und dass in immer internationaleren und globaleren Gesellschaftsverhältnissen der „Raum der Lebensstile" derjenige ist, in dem individuelle Identität als ein persönlicher Wertekosmos konstruiert, verhandelt und praktiziert wird – nicht das Grundgesetz oder die Bibel oder der Koran.

In diese Richtung haben sich vor allem die Lebensverhältnisse in den großen Städten entwickelt, die so wie Zukunftslabore wirken. Sie geben einerseits das Tempo, den Takt und den Kurs der sozialen und kulturellen Entwicklungen für die Gesamtgesellschaft vor. Andererseits bieten sie auch den sozialen Raum und den kulturellen Anstoß dafür, sich individuell wie kollektiv eigene Wege zu suchen, die dann biografisch immer wieder verändert und neu justiert werden. Denn in den einzelnen Lebensabschnitten wandeln sich auch unsere Lebensentwürfe immer rascher und damit auch unsere Anforderungen an soziale Umwelten wie kulturelle Infrastrukturen.

Dadurch entstehen vor allem auch neue urbane „Orte" im Sinne kleiner, jedoch hoch funktionaler Soziotope. So verkörpert etwa der Späti in Berlin heute solch einen besonderen sozialen Ort, der inzwischen vielfach als Prototyp einer neuen Sozialität und Soziabilität im Quartier erscheint. Sein Name rührt von den Ostberliner Spätverkaufsstellen der 1960er Jahre her, während er in Hamburg, München, Köln und Dortmund eher Kiosk oder Trinkhalle heißt – was nicht immer dasselbe meint. In Berlin jedenfalls ist seine Zahl regelrecht explodiert auf mittlerweile rund 1000 Spätis, weit verstreut über das Stadtgebiet und alle irgendwie ähnlich und bei genauerem Hinsehen bzw. längerem Hinsetzen doch jeder etwas anders.

Neben dem materiellen Versorgungsangebot von Bier bis Korn, von Milch bis Brot, von Zigarette bis PC-Stick hält er nämlich stets auch ein soziales Versorgungsangebot bereit: offeriert in Gestalt von ein paar Stühlen oder Bänken, drinnen und/oder draußen. Dessen Nutzung ist umsonst und in seiner Auswahl und Gestaltung offen: ein ruhiger Sitzplatz allein oder gesellig in Gruppe, ein Bier oder einen Kaffee, Stille oder Gespräch, Distanz oder Kontakt, beliebig kurzer oder langer Aufenthalt. Je nach Tageszeit und Lage sitzen da von frühmorgens bis nachts noch 5 oder auch 30 andere Leute, Stammgäste wie Laufkundschaft, sozial wie geschlechtlich wie altersmäßig bunt gemischt, dabei stets bereit, jedoch nie gezwungen zum Schauen, Reden und Zuhören. Es sind Bekannte wie Fremde, geht um Bier wie Bundesliga, um Witze wie Bekenntnisse, jedenfalls immer auch um Motive aus einem gemeinsamen Alltag. Es ist eine neue „street corner society" auf Zeit, die im Unterschied zur klassischen alten von William White oder zum traditionellen Hamburger „cornern" weder sozial homogen ist, noch reine Nachbarschaft, noch rein männlich, noch hierarchisch, sondern gemischt, offen, wechselvoll und entspannt.

Mit dieser Renaissance der Stadtkultur in solchen und anderen sozial offenen Formationen erfährt auch der Begriff „Öffentlichkeit" sein spektakuläres Revival. Es ist die – oft leicht verklärte – Vorstellung eines lebendigen urbanen Raumes, in dem sich Kommunikation und Kontakt wie selbstverständlich herstellen können, weil dafür nun fast rund um die Uhr konkrete physische Orte, soziale Konfigurationen und kulturelle Angebote bereit stehen: Parkbänke wie Kirchenstufen, Cafés wie Fast-Food-Stände, Feste wie Versammlungen, Haltestellen wie Nachbarschaftstreffs, Spätis wie Restaurants. Die kommunikative Kompetenz an diesen urbanen Treffpunkten reicht damit von nachbarschaftlichen Themen über lokales Wissen bis zur globalen Politik. Und diese Offenheit und Beliebigkeit schließt sozial deutlich eher ein als aus, weil nicht Herkünfte und Zugehörigkeiten im Mittelpunkt des Austauschs stehen, sondern persönliche Erfahrungen und Meinungen.

Wer hier mit wem worüber und wie redet, ist abhängig von konkreten Situationen und Kontexten, also vom jeweiligen konkreten Ort und der Zeit des Austausches wie von der situativen Empathie des Gegenübers. Öffentlichkeit setzt als soziale Konfiguration wie als kulturelle Praxis dabei stets die Verschränkung individueller Erfahrung mit kollektiver Wahrnehmung voraus. Nur durch dieses „Sharing" ergeben sich gemeinsame Bezugspunkte in Lebenswelten und Lebensentwürfen, in Weltanschauungen und Werten, die wiederum die Grundlage für Verständigung und Verstehen bilden und damit auch für „öffentliches" Leben.

Soziale Spaltung: Urbanität als Utopie und Dystopie?
Andererseits ist unübersehbar, dass diese große Autonomie und Freiheit der urbanen Lebensstile heute vielen Menschen offenbar zu weit geht, dass sie sich räumlich wie politisch diesem Weg verweigern. Die vielbeschworene soziale Spaltung in unseren spätmodernen Gesellschaften äußert sich daher zunehmend in diskrepanten Gesellschaftsvisionen, die – zugespitzt formuliert – zwischen Stadt und Land wie zwischen jüngeren und älteren Generationen deutlich wachsende Distanzen und Gräben sichtbar machen.

Allerdings wird die daher längst überfällige Debatte, in welcher Gesellschaft wir zukünftig gemeinsam leben wollen, nicht aktiv und offen geführt. Vielmehr rücken Politik und Medien meist die Zuwanderungsfrage in den Vordergrund der Spaltungsdebatte – in der irrigen Hoffnung, so AfD-Wähler ins bürgerliche Lager zurückholen zu können. Statt um das vordergründige Thema Asyl und Zuwanderung geht es beim Thema „soziale Spaltung" jedoch tatsächlich um die dahinterliegende Grundfrage nach der moralischen Legitimität und der politischen Repräsentation der eigenen Wahrnehmungen von und der Erwartungen an die Gesellschaft. In einer unruhigen und sich beständig umformenden Welt, in der die Globalisierung und Mobilisierung von Wirtschaft, Kultur und Gesellschaft alle erfasst, bedarf es einer umsichtigen Politik der allseitigen Information und Teilhabe wie der gegenseitigen Wahrnehmung und Respektierung, um die soziale Balance zu halten: zwischen dem Individuum und seinen Gemeinschaften wie zwischen den sozialen Gruppen und dem Staat. Dieser Aufgabe werden Politik, Medien und auch die Wissenschaft heute jedoch ganz offensichtlich immer weniger gerecht.

Daher entstehen leitende Erfahrungen und Erwartungen heute in einem immer offeneren Raum der Meinungen und Diskurse, der zugleich immer weniger sozial geordnet und medial gefiltert erscheint. Vielmehr gehen Formen und Strategien klassischer Nachrichten- und Wissenskonzepte längst Hand in Hand mit neuen Formaten digitaler und sozialer Netze wie mit emotionalisierenden Effekten von Infotainment und Fake News. In diesem zunehmend unübersichtlichen Feld kann die eigene Position immer schwieriger verortet, gesichert und bestätigt werden – und umgekehrt: immer einfacher neu erfunden und gefunden werden. So bilden sich analog wie digital ständig neue gesellschaftliche Echo- und Resonanzräume heraus, in denen sich neue Meinungs- und Haltungsgemeinschaften fast beliebig zu formieren scheinen.

Gerade in den Lebenswelten, die sich räumlich wie sozial wie kulturell vernachlässigt, die sich öffentlich nicht wahrgenommen und strukturell unterversorgt fühlen, ermöglichen solche Resonanzräume dann die Bestätigung der eigenen Opferrolle. Und sie fördern damit zugleich die Bereitschaft zu einer dramatischen politischen Geste, die sich nicht mehr mit der Rolle der beleidigten „silent majority" wie früher begnügt, sondern nun aktiv die neuen rechtspopulistischen Bewegungen als Sprachrohr wie Hallraum nutzt und sich zunehmend auch deren konkreten politischen und physischen Aktionsformen anschließt. Pointiert formuliert: Das bislang eher stumme Land organisiert sich in solchen Bewegungsformen neu und laut; es übt dabei auch neue Formate der politischen Organisation wie des Wahlverhaltens ein, die in Österreich, Ungarn oder Polen etwa bereits dazu geführt haben, dass sich das klassische Stadt-Land-Paradigma umzukehren scheint, dass das Land also nun die Stadt wahlarithmetisch wie gesellschaftspolitisch zu „majorisieren" beginnt.

Doch ist diese Entwicklung keineswegs auf die ländlichen Regionen beschränkt. Vielmehr ist die soziale Spaltung längst auch in den Städten angekommen, wo sich rechte Initiativen und Bewegungen in das Terrain der Zivilgesellschaft eingeschleust haben, indem auch sie dort – nach Anspruch und Form – als „zivile Bewegung" auftreten. Gerade die Offenheit und Vielfalt der Stadtgesellschaft ermöglicht es ihnen, ihre spezifische Weltanschauung als Gesellschaftsbild offensiv zu vertreten. Ihre Schicksalsfragen und Erwartungen drehen sich dann um Begriffe wie Heimat und Tradition, wie Volk und Nation, wie Eigen und Fremd. Und damit um Werte, die in ihren Lebenswelten scheinbar immer weniger Geltung finden, die vielmehr aktiv gefährdet scheinen durch die etablierte Politik einerseits und durch die Zukunft einer Einwanderungsgesellschaft andererseits.

In der Blauen Narzisse, einem dezidiert rechten Magazin für deutsche Jungmänner, wird am 19.07.2017 in einem „Appell an die Männer" provozierend formuliert: „Heute versteckt sich der deutsche Großstadtmann hinter seiner Liebsten, da er vergessen hat, dass die Verteidigung von Haus und Hof seiner Verantwortung obliegt." Stattdessen – lässt sich ergänzen – treibt sich der deutsche Großstadtmann zum Kummer der Rechten lieber in Kita, Café und Späti herum. Denn an solchen Orten „lebt" eben das Quartier, dort treffen unterschiedlichste Erfahrungen und Bedürfnisse aufeinander, persönliche Narrative und Biografien, Konsum- und Genussformen, private und öffentliche Kommunikationen.

So wird das Quartier als urbanes Soziotop zu einer neuen sozialen „mixing zone", die sich durch diese aktivierenden und kommunizierenden kulturellen Infrastrukturen als immer lebendiger erweist. Denn hier bilden sich immer neue Gruppen und Kommunikationsformen, finden oft Alteingesessene und Neue zueinander, entwickeln sich neue Formen des städtischen Flanierens wie Verweilens. Und hier helfen auch die neuen Medien wesentlich dabei, sich mit Hilfe von Apps und SMS gleichsam „schwarmintelligent" durch die Stadt zu bewegen: auf der Suche nach angesagten Events und Locations wie nach offenen sozialen Räumen und Konfigurationen.

Dies gilt nicht für alle Quartiere in gleichem Maße, sondern vor allem für diejenigen, in denen einerseits Gentrifizierung stattfindet, in denen sich andererseits jedoch Einheimische, Neue und Touristen nach wie vor mischen. Für die einen ihre große Utopie, weil das eingelöste Versprechen individueller Freiheit, verkörpert Urbanität für die anderen offenbar eine bedrohliche Dystopie: den Untergang von Mann und Volk im Sumpf der Großstadt. Die Großstadtfeindschaft des wilhelminischen Bürgertums lässt unsere heutigen Gaulands grüßen…

Urbanität: Heimat der Minderheiten?
Zentral für diese kulturelle Entwicklung in städtischen Quartieren ist in den letzten Jahren zweifellos auch die Rolle der Minderheiten geworden. Die Verbesserung ihrer Lebens- und Rechtssituation, also der Aufstieg und die soziale Etablierung von Frauen- und Genderbewegung, von Schwulen- und Lesbenmilieus, von Musik- und Subkulturen, von Öko- und Friedensinitiativen wie auch die zunehmende soziale Akzeptanz von Migranten und Flüchtlingen: Das ist die jüngere Geschichte, das ist die herausragende integrative Leistung, das ist das wichtigste „kulturelle Erbe" der Stadtgesellschaft. Denn es ist diese offene urbane Gesellschaft, die immer mehr Minderheiten die Bühne dafür bietet, ihre Wünsche und ihre Interessen zu artikulieren. Und es sind die großen Städte, in denen die Minderheiten jene systematische Quantität wie Qualität der „kritischen Masse" erreichen, die nötig sind, um gesellschaftliche Verhältnisse zu bewegen und kulturelle Veränderungen zu ihren Gunsten zu bewirken.

Auch diese Entwicklung verläuft vor allem auf der Quartiersebene, wo sich für Minderheiten zunächst überhaupt erste feste Orte und Räume herausbilden, um sich treffen, sich offen verhalten und sich dann auch organisieren zu können. So entstehen Cafés und Clubs, Initiativen und Zentren, in denen „anderes" geschlechtliches, ethnisches, religiöses, kulturelles Leben möglich wird und von denen aus sich diese neue Vielfalt und Freiheit allmählich weiter in die Nachbarschaft hinein ausbreitet. Hinzu kommt ein neuer urbaner Hedonismus, den gerade die minoritären Gruppen oft mit ihrem Outing verbinden und weiterentwickeln: Restaurants und Musikkneipen, Eiscafés und Clubs wachsen im Quartier in einer Vielzahl und Dichte heran, die noch vor 20 Jahren unvorstellbar war. Dort mischen sich nun Minderheiten, Szenen und ethnische Communities mit anderen sozialen Milieus, Lebensstilen und Subkulturen zu neuen Trends in der Musik- wie der Esskultur, der Mode wie der Körperpolitik.

So sind es vor allem die Mischungen und Verbindungen, die Berührungen und Kontakte, die Verwandlungen und Transformationen, die das urbane Quartier in seiner sozialen und kulturellen Textur heute wesentlich prägen. Insofern meint urbane Vielfalt eben auch, dass die Quartiere nicht mehr in der räumlich abgeschlossenen Gestalt enger Soziotope und Ghettos daherkommen, sondern in der von offenen Sozialräumen und hybriden Erfahrungszonen.

Das gilt auf der einen Seite für das Zusammenspiel von wirtschaftlichem Konsum und sozialem Kontakt, die hier offenbar Hand in Hand gehen. So erscheint der öffentliche Raum als konsumtive und zugleich interaktive Zone, in der stets beides möglich ist: schnelle Passage wie langes Verweilen, Anonymität wie Kommunikation, Fremdheit wie Nachbarschaft. In unterschiedlicher Mischung treten also vielfach konsumtiv-kommunikative Kontakte als typische Sozialkonfiguration im Quartier auf: beim Cappuccino- wie beim Biertrinken, beim Kind-in-Kita-Bringen wie beim Frühstück im Coffeeshop, beim Handyaufladen wie beim Späti-Einkauf. Und diese Konfigurationen manifestieren sich auch territorial: an „neuen" Orten wie der Café-Terrasse oder dem Public Viewing in und vor der Fußballkneipe, in den Eingängen von Kita wie Restaurant, auf Picknicks am Flussufer wie Festen im Park.

Auf der anderen Seite und zugleich mischen sich die Funktionen und Bedeutungen von urbanen Gebäuden und Räumen, wenn neue „Cross-Overs" entstehen. Wenn sich also etwa Laden-, Café- und Clubfunktionen mischen, wenn sich private und öffentliche Raumnutzungen vermengen oder wenn der Späti eben für alles steht: für Getränkeeinkauf wie Imbiss wie Treffpunkt. Auf immer neue Nachfragen und Bedürfnisse erfolgen also immer raschere und flexiblere Reaktionen der Service- und Tourismuswirtschaft wie der Quartiersgesellschaft.

Neue Nähen und Allianzen entstehen damit auch im Blick auf die sozialen Praxen, wo dann Cocktail und Smoothie, Kopftuch und Sonnenhut, Burkini und Bikini eben nicht mehr räumlich wie sozial getrennt, sondern zunehmend neben- und miteinander auftreten. Das gilt besonders für die junge Generation, die sich in ihren Beziehungen und Freundschaften nicht mehr durch religiöse, familiäre oder weltanschauliche Kleidungsstile und Regeln auseinanderhalten lässt, sondern die in ihren gemeinsamen urbanen „mixing zones" solche Unterschiede als situative Vielfalt auslebt. Gerade im Quartier vollzieht sich Integration zunehmend und nachhaltig auch über vielfältige alltägliche Konfigurationen und Kulturstile, die weg von „Differenz" lenken und hin auf „Konvergenz".

Diese Entwicklung wiederum erscheint den Rechtspopulisten als ganz besondere Bedrohung: von Fremden überrannt zu werden, von Minderheiten dominiert, in der verhassten Welt von Multikulti unterwegs zu sein. Sie befürchten, dass diese „Anderen" nun unsere Gesellschaft übernehmen – wie offenbar bereits in vielen Stadtquartieren. Daher wünschen sie sich einen „cultural backlash", der wie eine Reset-Taste die „reine" Gemeinschaft der Deutschen aus den Nachkriegsjahren zurückholt, ohne lästige Frauen- und Schwulenbewegungen, ohne Öko-Lehren und Vegetarismus, ohne fremde Flüchtlinge und drittes Geschlecht.

In umgekehrter Betrachtung und Bewertung hingegen verkörpern die große Vielfalt und die neue Öffentlichkeit der Lebensstile in unseren Stadtquartieren tatsächlich einen tief greifenden gesellschaftlichen Wandel, der in vielen integrativen Situationen wie symbolischen Gesten sichtbar wird. Noch vor 20 Jahren etwa kam das Sitzen auf der Parkbank ziemlich seniorig daher, mittlerweile erscheint es als öffentliche Sitzhaltung viel eher jugendlich – samt Freunden, Bier und Smartphone. Auch das früher unbekannte, heute jedoch allseitige Händchen-Halten wie Küsschen-Geben im öffentlichen Raum verrät eine neue

Gefühligkeit und Körperlichkeit bei jungen wie alten Pärchen. Und wenn dabei ältere muslimische Paare Hand in Hand durchs Quartier gehen, statt wie vor 20 Jahren noch in fünf Schritten Abstand, dann ist das in der Tat beides: kulturelle Emanzipation und gelebte Integration. Oder wenn das Draußen-Essen, das noch vor 20 Jahren als zutiefst unseriös galt, weil es auf „Fast-food" und „Proll" verwies, heute umgekehrt angesagt ist: als Ausdruck von Geselligkeit und Lebensart.

In dieser neubelebten und analogen Nahwelt des Quartiers spielt ironischerweise gerade auch das digitale „Dating" über die Kontakt- und Internetbörsen eine ganz wesentliche Rolle. Manches erinnert tatsächlich an „schwarmintelligente" Prozesse, wenn abends über Konsum- und Benutzerprofile, über Facebook und Apps massenhafte Bewegungen im öffentlichen Raum dirigiert und gleichsam ferngelenkt werden – etwa weg vom weniger und hin zum mehr angesagten Club oder zum gemeinsamen Event oder zum urbanen Platz. Und auch das Nachbarschaftliche im Kiez doodelt, bloggt, teilt und appt sich quer durch die Generationen in seinen Terminen und Treffpunkten längst digital zusammen.

Das urbane Dilemma: Der öffentliche Raum als Akteur – Ein Resümee
In der inzwischen so positiven Entwicklung des Lebens im städtischen Quartier spiegelt sich zugleich auch das heutige urbane Dilemma exemplarisch wider.

Denn einerseits ist der öffentliche Raum um unsere Wohnungen herum damit zum Ort und zur Bühne von Kommunikation und Konsum, von Individualität und Vergemeinschaftung, von Party und Politik geworden – zum Aushandlungsraum also wie zur Bühne unserer Lebensstile. Individuelle wie kollektive Akteure formulieren hier ihre Hoffnungen und Wünsche, organisieren sich als Nachbarschaft wie Bürgerinitiative, beeinflussen lokale Fest- und Esskultur, Schüler- und Flüchtlingshilfe, Kita- und Verkehrsplanung.

Andererseits und zugleich macht diese große Vielfalt und Dichte der Akteure und Aktionen den öffentlichen Raum gleichsam selbst zum Akteur. Denn er wird damit zum Ort und zum Träger permanenter sozialer Interaktion, die vielfältige soziale Prozesse repräsentiert und die aktive soziale Bewegungen generiert. Insofern produziert er eigene Erfahrungen, schafft er eigene Ansprüche, entwickelt er eigene Symboliken, die ihm eine besondere politische wie legitimatorische Kraft verleihen – ihn quasi zum symbolisch überhöhten Ausdruck unseres „Wir" machen.

Darin steckt eine hohe konstruktive, ja: kreative Dynamik, die ständig neue soziale Praktiken und kulturelle Formen schafft und die ihn selbst als urbane Raumlandschaft noch wertvoller macht: durch Cafés und Musikkneipen, durch Baumscheiben und Parks, durch Kunst- und Polit-Events, durch Nachbarschaft und Zivilgesellschaft.

Indem wir ihn so aufmischen und aufhübschen, gentrifizieren wir freilich zugleich alle den *gelebten* Raum selbst mit, bevor der *gebaute* Raum dann nachzieht. Denn es sind zunächst vor allem unsere sozialen und kulturellen Aktivitäten, die den öffentlichen Raum nachhaltig bereichern. Erst diese kulturelle Bereicherung wiederum schafft dann die Voraussetzung und den Anreiz für die architektonische Umgestaltung und die ökonomische Bereicherung der Spekulanten. Denn die urbane Raumqualität wird heute vor allem in kulturellen Begriffen gemessen und an kulturellen Indikatoren angelesen: Kultur ist längst die urbane Leitwährung!

Dieser Grundsatz gilt auch und gerade im Quartier. Und deshalb muss es nun tatsächlich auch zum Hauptquartier urbaner Nachbarschaft und Zivilgesellschaft werden, um dieses urbane Dilemma „vor Ort" zu thematisieren, zu reflektieren und vor allem: zu „überleben". Denn auch und gerade im Quartier entstehen und bewahren sich unsere neuen Formen der urbanen Beheimatung eben nicht allein durch hedonistischen Lebensstil und Genuss, sondern vor allem durch aktive Teilhabe an sozialer Mitgestaltung und politischer Mitverantwortung – nicht nur im Quartier, sondern in der Stadtlandschaft insgesamt.

Prof. Dr. Wolfgang Kaschuba ist Ethnologe an der Humboldt-Universität in Berlin und war von 1994–2015 Direktor des dortigen Instituts für Europäische Ethnologie, von 2010–2013 Direktor des Georg-Simmel-Zentrums für Metropolenforschung und von 2015–2018 Direktor des Berliner Instituts für Migrationsforschung. Er arbeitet im Vorstand der Deutschen UNESCO-Kommission mit, an verschiedenen Zeitschriften und Publikationsreihen und vor allem auch am weiteren Werden von Berlin.

Mehrheimische Ökonomie. Wie die zunehmende Diversität das Quartier neu modelliert

Marc Hill

Einleitung

In der Migrationsforschung hat sich schrittweise ein Forschungsgebiet entwickelt, welches aktuell die Bezeichnung „ethnische Ökonomien" trägt. Der gemeinsame Hintergrund der dazu entstandenen Arbeiten ist die Annahme, dass es geschäftstüchtige Einwanderungsgruppen gibt, die eine Kultur der Selbstständigkeit mitbringen und sich mit einfachen Dienstleistungen in kostengünstigen Stadtlagen niederlassen würden. Auffällig an der Diskussion zu dieser Entwicklung erscheint, dass sie – vor allem mit Blick auf die Standorte der Geschäftsleute – immer wieder in die Kritik gerät. Deutlich wird dies unter anderem an der Verwendung zahlreicher und negativ konnotierter Begrifflichkeiten wie „soziale Segregation", „Stadtteile mit besonderem Entwicklungsbedarf", „soziale Brennpunkte", „ethnische Kolonien" oder auch „Parallelgesellschaft". Durch diese Art der Einteilungen von Gewerbebetrieben wird ein Wissen produziert, welches eine Abgrenzung zwischen „ethnischen" und „einheimischen" „Ökonomien" erst ermöglicht – eine Abgrenzung, die damit von der Wissenschaft geteilt, verbreitet und eben auch legitimiert wird.

Eine solche ethnisch-zentrierte Perspektive auf die Waren- und Dienstleistungsangebote von Migrantinnen und Migranten in städtischen Gebieten hat deshalb auch bereits umfangreiche Kritik hervorgerufen. Seitens einer kritischen Migrations- und Stadtforschung werden vor allem ein inhärenter methodologischer Nationalismus und eine defizitorientierte Betrachtungsweise von oben bemängelt, welche Menschen stigmatisiert und Wohngebiete diskreditiert. Es scheint also ein Erkenntnis versprechender Weg zu sein, einen kontrapunktischen

---

M. Hill (✉)
Institut Erziehungswissenschaft, Universität Innsbruck, Innsbruck, Österreich
E-Mail: Marc.Hill@uibk.ac.at

© Springer Fachmedien Wiesbaden GmbH, ein Teil von Springer Nature 2020
N. Berding und W.-D. Bukow (Hrsg.), *Die Zukunft gehört dem urbanen Quartier*, https://doi.org/10.1007/978-3-658-27830-4_11

Blick auf die unternehmerischen Aktivitäten in marginalisierten Quartieren einzunehmen: einen Blick von unten. Das bedeutet, individuell gelagerte Lebens- und Alltagspraxen zu erheben – und dabei zu bedenken, dass Biografien, strukturelle Bedingungen und geschäftliche Möglichkeiten divers sind und das Kriterium der Ethnizität an sich (auch) hier kaum aussagekräftig ist. Darüber hinaus belegen umfangreiche ethnografisch angelegte Studien, dass Stadtentwicklungen auf sehr unterschiedliche Formen von Migration basieren und das Stadtleben sich durch die Pluralisierung von Lebensstilen und durch gesellschaftliche Transformationsprozesse auszeichnet. Anzunehmen ist auch, dass es sich bei den Ladenlokalen um eine unspektakuläre Alltagspraxis handelt. Niemand wundert sich ernsthaft darüber, dass Produkte aus aller Welt in den Geschäften der Städte angeboten werden und auch für die Betreiber und Betreiberinnen ist es eine Selbstverständlichkeit danach Ausschau zu halten, was die potenzielle Käuferschaft interessieren könnte und sich darauf einzustellen. Daher mutet es etwas merkwürdig an, dass diese Praxen unter ethnischen Gesichtspunkten in den Sozialwissenschaften diskutiert werden. Vielmehr müsste die Frage gestellt werden, welche Funktion diese Ladenlokale im Leben ihrer Betreiberinnen und Betreiber einnehmen und im Weiteren, welche Migrationserfahrungen und Aufstiegsmöglichkeiten mit der Selbstständigkeit verbunden sind. Ebenso ist es bedeutsam danach zu fragen, inwieweit mit der unternehmerischen Tätigkeit auch gesellschaftliches Ansehen gewonnen werden kann und welchen gesellschaftlichen Status das Unternehmertum besitzt. Zudem sind die Ladenlokale ein fester Bestandteil der Nahversorgungen in den Quartieren, beleben Wohngebiete und tragen somit zur Lebensqualität der Bevölkerung bei. Durch eine solche Vorgehensweise entstehen, so die zentrale These, kontextuell eingebundene Wissensproduktionen, die sich mit den Migrationserfahrungen von Selbstständigen jenseits eines ethnisch-zentrierten Wissens auseinandersetzen. In diesem Sinne stellt die Zielgruppe der Forschung auch keine Sondergruppe dar, vielmehr ist anzunehmen, dass die Aktivitäten der Protagonistinnen und Protagonisten selbst zu einem tiefgründigeren allgemeinen Verständnis von gesamtgesellschaftlichen Migrationserfahrungen beitragen. Davon ausgehend stellen sich folgende Forschungsfragen:

1. Was sind die Kritikpunkte an dem Begriff der „ethnischen Ökonomie"?
2. Wie lassen sich die adressierten Geschäftspraxen als mehrheimische Praxen interpretieren?
3. Welchen Beitrag leisten Kleingewerbetreibende zum Quartier der Zukunft?

Mit diesen Fragen zielt der Beitrag auf eine postmigrantische Lesart des kleingewerblichen Unternehmertums und der damit zusammenhängenden Quartiersentwicklung ab. Daher findet im ersten Abschnitt des Artikels eine Konzentration auf jene migrationswissenschaftlichen Studien statt, die Kritik am Konzept der „ethnischen Ökonomie" üben und Migration als einen selbstverständlichen Teil des Stadtlebens begreifen. Darüber hinaus werden die unternehmerischen Tätigkeiten von Migrantinnen und Migranten als mehrheimische Praxen interpretiert. Im zweiten Abschnitt wird ein aufstrebendes Stadtquartier in Oslo ethnografisch porträtiert – Grønland, das für seine Ladenlokale mit Betreiberinnen und Betreibern aus aller Welt bekannt ist. Im Zentrum steht damit ein Ort, der sich stark im Wandel befindet und aktuell verschiedenste Menschen anzieht. Abschließend werden die Effekte von Kleingewerbetreibenden auf die Entwicklung von Quartieren herausgestellt; der Beitrag endet sodann mit der Formulierung einer stadtplanerischen Perspektive.

1 Begriffs- und Konzeptbestimmung

Was Georg Simmel zu Beginn des 20. Jahrhunderts als Blasiertheit des Großstädters (Simmel 2006) beschrieb, ist für viele schon lange kein herausragender Wesenszug mehr: Gegenwärtig leben bereits über 50 % der Menschen in Städten – und diese haben informell gelernt, mit Dingen wie Reizüberflutung, Diversität und Anonymität umzugehen bzw. diese als eine Selbstverständlichkeit des städtischen Alltages zu akzeptieren. Wer in der Stadt lebt, eilt an anderen Menschen vorbei, begegnet ihnen mit einer „höflichen Gleichgültigkeit" (Goffman 2009, S. 97 ff.), bleibt hier und da stehen, geht weiter und befindet sich insgesamt in einer eigenen „Soziosphäre" (Albrow 1997, S. 311). All dies gehört zur „urbanen Grammatik" (Bukow et al. 2001, S. 427) und zum normalen Funktionieren des Stadtbetriebs dazu. Auch das Geschäftsleben von Migrantinnen und Migranten in Ballungsräumen ist unweigerlich mit Stadtleben verbunden. Aus soziologischer und stadtplanerischer Perspektive gibt es demnach keinen Anlass, diese Form des unternehmerischen Handelns als eine ethnisch-bedingte Sonderform des Stadtalltages hervorzuheben. Längst ist es zu einer städtischen Routine geworden, dass Waren und Dienstleistungen von Menschen aus aller Welt angeboten werden. Teil dieses Angebots sind vielfach auch multikulturelle Inszenierungen, die als gängige Geschäftsstrategien von Ladenlokalen gelten können (Yildiz 2013, S. 100). Eine Vielzahl von Studien aus den letzten zwei Jahrzehnten spricht sich für diese Sichtweise aus, in welcher der städtische Raum als eine relationale Kategorie begriffen wird. Beispielsweise identifizierte der Humangeograf und Metropolenforscher Robert Pütz das „Türkisch-Sein" von Berliner Geschäftsleuten als eine transkulturelle Praxis, mit der diese wirtschaftlichen Erfolg anstreben und erreichen (Pütz 2008, S. 74).

Für manche Gewerbetreibende ist die Freiberuflichkeit ein Weg, um ihren gesellschaftlichen Status zu erhöhen. Dabei nutzen sie die Selbstethnisierung als eine frei verfügbare Ressource und kehren ethnisch-zentrierte Fremdzuschreibungen zu ihrem Vorteil um. Nicht selten verfolgen Geschäftsleute mit dieser transkulturellen Praxis das persönliche Ziel, Stigmatisierungen zu entkräften. Diesen Punkt hat Heiko Berner, Forscher auf dem Gebiet Soziale Arbeit und Innovation, aufgegriffen und aus einer bildungswissenschaftlichen Perspektive näher betrachtet. Auf der Basis von Gründungsmotiven, die er bei „Unternehmerinnen und Unternehmern türkischer Herkunft" erhoben hat, interpretiert er das Wagnis der Selbstständigkeit als eine Möglichkeit, selbst einen höheren gesellschaftlichen Status zu erreichen und Stigmatisierungen zu überwinden (Berner 2018, S. 155 ff.).

Eine weitere Dimension des „Anerkennungskampfes" (Honneth 1992) ist die Verwirklichung eigener Geschäftsideen. Am Beispiel von „Afro Hair Salons" in Deutschland untersuchte etwa die Sozialpädagogin Caroline Schmitt, wie sich Salonbetreibende selbst erleben und welche Philosophie sie auf dem Markt vertreten wollen. Selbstverwirklichung und (diskriminierende) Marktbedingungen werden hier als zwei Seiten derselben Medaille untersucht. Zugleich analysiert Schmitt in der ethnografischen Studie auch eingeschränkte Handlungsfähigkeiten und Vulnerabilitäten von Salonbetreibenden, sodass auch eine relationale Sicht auf Agency ermöglicht wird (Schmitt 2015, S. 138). Zu den Ergebnissen dieser wissenschaftlichen Untersuchung zählt die Erkenntnis, dass es den freiberuflich Tätigen darauf ankommt, gesellschaftliche Anerkennung zu finden. Für eine erfolgreiche Umsetzung eines solchen Projektes müssen aber laut Studie zunächst institutionelle Diskriminierungen bei Behördengängen überwunden werden (Schmitt 2015, S. 297). Ebenso führen gesellschaftlich verankerte Kulturrassismen dazu, dass Unternehmerinnen und Unternehmer Schwierigkeiten haben, sich zu behaupten.

Mit Blick auf diese Problematik beschäftigte sich Claudia Lintner, Bildungsforscherin aus Brixen/Bozen (Italien), unter dem Titel „Economies in Between" mit der Dekonstruktion und Transcodierung von marginalisierenden Diskursen über das Leben zwischen verschiedenen „Kulturen". Sie beschreibt in ihrer Studie zur „Migrantenökonomie" das „Dazwischen Sein" als eine Ressource für das kleingewerbliche Handeln. Die allgemeine Vorstellung über kulturelle Identitätskrisen findet sich hier widerlegt. Darüber hinaus zeigt Lintner auf, inwieweit die unternehmerischen Tätigkeiten von Migrantinnen und Migranten transnationale Räume, lokale Lebenswelten und strukturelle Rahmenbedingungen hervorbringen, kreuzen und verbinden (Lintner 2015, S. 95). Gerade diese Perspektive untermauert die postmigrantische Idee, die auffordert, die unternehmerischen Aktivitäten von Migrantinnen und Migranten aus einer gesamtgesellschaftlichen

Perspektive zu lesen und nicht als Sonderfälle zu beforschen. Aus diesem Grund ist es auch notwendig, distinktive Begriffe des „Migrantischen" zu hinterfragen (Räuchle und Nuissl 2019, S. 1).

Daran anknüpfend schlägt der vorliegende Artikel die Bezeichnung „mehrheimische Ökonomien" vor. Vor allem die Wortschöpfung „mehrheimisch" bedarf dabei einer Erläuterung: Sie verweist darauf, dass Menschen sich auf unterschiedliche Weise zu Hause fühlen und mit „Zuhause" mehrere Orte gleichzeitig meinen können. Auf die Frage nach Heimat gibt es demnach also verschiedenste Antworten. Determinierende und national einseitige Herkunftszuschreibungen werden durch ein weltoffenes Verständnis von Heimat infrage gestellt und semantisch neu besetzt.

Aus der Diskussion des Forschungstandes und den postmigrantischen Ideen ergibt sich, dass es sich bei der kleingewerblichen Selbstständigkeit von Migrantinnen und Migranten in städtischen Quartieren insgesamt um eine urbane Praxis handelt, die sich als mehrheimisch interpretieren lässt und die gesamte Entwicklung eines Quartiers betrifft.

2 Ethnografische Studie

Während der letzten zehn Jahre habe ich mehrfach das Osloer Stadtquartier Grønland aufgesucht und dabei Eindrücke zu dessen Entwicklung festgehalten. Bei Grønland handelt sich um ein – sich in direkter Nachbarschaft zur Innenstadt befindliches – ehemals marginalisiertes ArbeiterInnenquartier, welches mittlerweile zu einem belebten und aufstrebenden Stadtviertel avanciert ist. Aufgrund der zahlreichen Ladenlokale bietet es sich für die weitere Diskussion mehrheimischer Ökonomien in besonderer Weise an.

Während eines dreiwöchigen Forschungsaufenthaltes im Sommer 2017 (26.08.–14.09.) wurden urbane Bildungsprozesse und lokale Geschäftspraxen von Selbstständigen in Grønland ethnografisch erfasst. Dieser Zeitraum stellt die Kernphase meiner Forschungsarbeiten in Oslo dar. Erstmals wurden nicht nur ethnografisch Beobachtungen vorgenommen, sondern auch Interviews mit Geschäftsleuten und Akteurinnen und Akteuren aus der Politik und der Sozialen Arbeit durchgeführt. Angelehnt an die qualitative Methode der „dichten Beschreibung" (Geertz 1983) und mittels Interviewführung im Format des „verstehenden Interviews" (Kaufmann 1999) wurde in der Tradition des entdeckenden Zuganges einer „Grounded Theory" diverses Datenmaterial zur mehrheimischen Ökonomie erhoben und schrittweise ausgewertet. Dieser Forschungsphase gingen methodologische Überlegungen zur Erfassung des heterogenen Lebens in einem Stadtviertel voraus. Für die Untersuchung von gesamtgesellschaftlichen Migrationserfahrungen in Oslo/Grønland erschien mir ein qualitativer und möglichst offener Feldzugang besonders sinnvoll, zumal es das Ziel war, subjektiv angelegte Forschungseinblicke in das mehrheimische Stadtleben Oslos und in die kleingewerbliche Geschäftswelt Grønlands zu geben. Diese Vorgehensweise ähnelt in gewisser Hinsicht jenen in frühen ethnografischen Erhebungen, wie sie etwa Friedrich Engels über den Großstadtcharakter „nach eigener Anschauung" beim Spazierengehen durch London angestellt hat (Engels 1845, S. 36).

Vor diesem methodologischen und methodischen Hintergrund werden im Folgenden zunächst sozioökonomische Einblicke in das gesellschaftliche Leben in Norwegen gegeben. Sodann wird auf der Basis meiner ethnografischen Streifzüge das Stadtquartier Grønland beschrieben. Insgesamt erhebt dieser ethnografische Bericht dabei keinen Anspruch auf Vollständigkeit oder Repräsentativität, vielmehr stellt er ein Angebot zur Reflexion über mehrheimische Ökonomien und ihre Beiträge zur Quartiersentwicklung dar.

2.1 Lebensqualität und Bildungsgerechtigkeit

Laut „Human Development Reports" weist Norwegen die höchste Lebensqualität weltweit auf (United Nations Development Programme 2016, S. 198 ff.). Die Gesamtbevölkerung hat in den letzten zehn Jahren die 5-Mio.-Marke überschritten. Eine hohe Lebensqualität, eine solide Finanzlage und eine vergleichsweise hohe Bildungsgerechtigkeit sind Faktoren, die Norwegen auch als Einwanderungsland attraktiv machen. Es verfügt aufgrund seiner Öl-Vorkommen über erhebliche Finanzmittel, hat ein äußerst transparentes Sozial- und Wirtschaftssystem und ist über seine Landesgrenzen hinaus für seine diversitätsbewusste, inklusive Bildungsorientierung bekannt. Dies zeigt sich beispielsweise darin, dass norwegische Schülerinnen und Schüler bei PISA-Tests in Naturwissenschaften ähnlich gute Ergebnisse erzielen wie österreichische (498 Punkte bzw. 495 Punkte). Allerdings sticht ein diskussionswürdiger Unterschied zwischen den beiden Ergebnissen hervor: Die Leistungen in Norwegen hängen in einem deutlich geringeren Maß vom sozioökonomischen Status der geprüften Jugendlichen ab (8 % in Norwegen zu 16 % in Österreich – es handelt sich um den Prozentsatz der durch den sozioökonomischen Status der Schülerinnen und Schüler erklärten Leistungsvarianz) (OECD 2015, S. 8). Mithin zeichnet sich Norwegen durch eine vergleichsweise hohe Bildungsgerechtigkeit aus und die Schülerinnen und Schüler des Landes erreichen, hier im Bereich der naturwissenschaftlichen Kompetenzen, ein hohes Leistungsniveau. Ein interessanter

Punkt ist, dass Lehrerinnen und Lehrer in Norwegen einen hohen gesellschaftlichen Stellenwert genießen und oftmals über eine großzügig ausgestattete Infrastruktur verfügen (z. B. eigenes Büro, digitale Lernmittel etc.). Gleichzeitig fällt die finanzielle Honorierung des Lehrerberufs in Norwegen im Vergleich zu anderen Berufsgruppen in diesem Land eher unterdurchschnittlich aus. Eine höhere Bildungsgerechtigkeit scheint sich also vor allem über eine Verbesserung der Infrastruktur und die gesellschaftliche Anerkennung des Lehrpersonals erreichen zu lassen. Ebenso spielt nach den PISA-Ergebnissen die Reduktion von Selektionsmechanismen eine entscheidende Rolle bei der Bildungsgerechtigkeit.

Norwegen zeigt als kleines Land auf, wie sich Reichtum gerecht verteilen lässt, und ist einer der wenigen Orte in Europa, an denen ein sozialer Aufstieg durch Arbeitsmigration noch möglich erscheint. Allerdings ist einschränkend darauf hinzuweisen, dass derzeit auch in Norwegen ein restriktiver Umgang mit Einwanderung zu beobachten ist, besonders deutlich wurde dies zuletzt während der sogenannten „Flüchtlingskrise". Im Sommer 2016 „informierte" das norwegische Einwanderungsministerium mithilfe von Plakaten an zentralen Stellen in Oslo und Umgebung darüber, dass Flüchtlinge nach Ablehnung des Asylantrags über keine Aufenthaltsberechtigung verfügten und demnach auch nicht arbeiten dürften. Für den Fall, dass sie sich freiwillig bei den Behörden meldeten, finanziere ihnen, so wurde ihnen versprochen, der norwegische Staat die Rückreise und eine Art Startgeld für den Neubeginn im Herkunftsland (Abb. 1).

2.2 Streifzüge durch Oslo/Grønland

Der wirtschaftlich attraktive Großraum Oslo zieht Menschen aus den Nachbarländern Norwegens und aus aller Welt an. In den Stadtbezirken Stovner, Alna und Søndre Nordstrand repräsentieren Einwanderinnen und Einwanderer mittlerweile die Mehrheit der Stadtbevölkerung (Wiggen et al. 2015, S. 10). Auf den ersten Blick lässt sich die wirtschaftliche Aufbruchsstimmung in Oslo vor allem anhand zahlreicher Bauprojekte ablesen. In jüngerer Vergangenheit entstand eine Vielzahl modernster Gebäude mit innovativer Architektur, etwa das 2008 fertiggestellte Opernhaus am Oslofjord, welches mit seiner begehbaren weißen Marmorschicht im Sonnenlicht wie ein riesiger Eisberg im Wasser erscheint. Ebenso ziert die Gegend um den Hauptbahnhof eine Skyline aus modernen Gebäudekomplexen in individuell gehaltenem Design. Diese zwölf Hochhäuser unterschiedlicher Höhe und Breite mit unbebauten Streifen dazwischen werden „Barcode" genannt, da sie aus der Ferne wie die maschinenlesbaren Kennzeichnungen auf Waren und Verpackungen anmuten. Auch das in unmittelbarer Nachbarschaft von Oper und

Abb. 1 Restriktive Kampagne in der „Flüchtlingskrise". (Foto: Marc Hill, 2016, Umgebung Oslo)

Hauptbahnhof im Bau befindliche neue Munch Museum, welches sich bis jetzt noch in dem bislang marginalisierten Quartier Grønland befindet, zeugt vom Selbstbewusstsein der Metropole (Abb. 2).

Von der Oper, dem neuen Munch Museum und dem Hauptbahnhof ist das Forschungsfeld Grønland mit der U-Bahn in wenigen Minuten und auch zu Fuß über einen Zubringer gut erreichbar. De facto liegt das Quartier, das für seine mehrheimische Ökonomie bekannt ist, im Herzen der Stadt. Vor allem sind es Gemüseläden, Friseursalons und Restaurants, die das Viertel bei der Stadtbevölkerung beliebt machen. Nachmittags nach der Arbeit stehen Menschen sogar Schlange vor

Abb. 2 „Barcode" am Hauptbahnhof. (Foto: Marc Hill, 2017, Oslo)

einem größeren Supermarkt direkt hinter der U-Bahn-Station, nur um dort günstig Gemüse zu erwerben – frisches Obst und Gemüse zu moderaten Preisen sind in der hochmodernen und sehr kostspieligen Stadt Oslo eine Marktlücke (Abb. 3).

Ebenso sind Restaurants und handwerkliche Dienstleistungen im unmittelbaren, auch touristisch beliebten Zentrum von Oslo in einem für europäische Verhältnisse sehr hohen Preissegment angesiedelt, sodass Touristinnen und Touristen sowie Osloerinnen bzw. Osloer Grønland gern aufgrund seines alternativen Angebots aufsuchen.

Die Bevölkerung von Grønland ist heterogen. Hier wohnen pensionierte Arbeitsmigrantinnen und -migranten aus Pakistan, geflüchtete Familien aus Somalia, Studierende aus den Nachbarländern, Menschen aus Syrien, Irak, Indien und Afghanistan. Ebenso sind Touristinnen und Touristen, Pendlerinnen und Pendler, Singles und eine alternative Szene dort anzutreffen. Im Laufe der letzten zehn Jahre wurde das Quartier vermehrt von jungen Erwachsenen entdeckt. So entwickelten sich moderne Arbeitswelten für kleine Start-ups wie Werbeagenturen neben alteingesessenen Betrieben von Einwanderinnen und Einwanderern der ersten Generation (z. B. eine große türkische Metzgerei). Das Angebot reicht in diesem belebten Quartier von einer kleinen Shoppingmall in orientalischem Stil über Nagelstudios mit US-amerikanischem Konzept bis hin zu Stoffläden für muslimische und indische Bekleidungsstile. (Abb. 4)

Abb. 3 Supermarkt direkt hinter der U-Bahn-Station mit großer Gemüsetheke. (Foto: Marc Hill, 2017, Grønland)

Mehrheimische Ökonomie. Wie die zunehmende Diversität ...

Abb. 4 „Grønland Basar" – Shoppingmall in orientalischem Stil. (Foto: Marc Hill, 2014, Grønland bei einem Besuch vor dem dreiwöchigen Forschungsaufenthalt im Sommer 2017)

Neben diesen „asiatisch" oder „orientalisch" inszenierten Läden existieren neuerdings auch Filialen US-amerikanischer Warenketten wie „Starbucks". Diese finden sich nun vielfach Tür an Tür mit Geschäften etwa für schwedische Waffeln oder mit Ladenlokalen, in denen restaurierte norwegische Möbel verkauft werden. Auch Arztpraxen, Apotheken, Optikerläden, soziale Stadtteilzentren, ein interkulturelles Museum, Schulen und Kindergärten sind dort vertreten. Vor der U-Bahn-Station werben fast täglich Organisationen um Aufmerksamkeit, Spenden und Wählerinnen- und Wählerstimmen. Es herrscht eine rege Betriebsamkeit.

Bezüglich der im theoretischen Teil angesprochenen Fremd- und Selbstethnisierungen lässt sich in Grønland eine Reihe von Ladenlokalen beobachten, die sich solchen Klassifikationen und Einteilungen entziehen, indem sie spezifische Nischen erschließen und die Produkte wertig auf dem Markt anpreisen. Im Mittelpunkt der Vermarktung stehen z. B. Dienstleistungen und Produkte, die der Kunde primär mit internationalen Modetrends und weniger mit Ethnizität und Migration assoziiert.

Solche Geschäftsmodelle zeigen einmal mehr auf, in wie weit die Reduktion des ökonomischen Handelns von Migrantinnen und Migranten auf ethnische Kategorien viel zu kurz greift. Vielmehr ist es von Belang, welche individuellen Orientierungen und selbstgewählten Inszenierungen als Gewerbestrategien genutzt werden. Beim ethnografischen Streifzug durch Grønland tauchten immer wieder Geschäfte auf, die sich als eine Art Gegenentwurf zu den Ladenlokalen lesen lassen, welche aufgrund eines ethnisch-zentrierten Diskurses rezeptartig mit imaginierten Traditionen oder scheinbar mitgebrachten Kulturen ihrer Inhaberinnen und Inhaber in Verbindung gebracht werden. Zu den Geschäften, die mit den hegemonialen Vorstellungen über Ethnizität, Kultur und Migration brechen, zählen beispielsweise im Quartier niedergelassene Herrenfriseure, die sich an globalen Stylingtrends aus London orientieren, oder ein Geschäft, in dem spezielle antike Möbel und Bücher verkauft werden. Auch Webdesign-Agenturen lassen sich nur schwer ethnisch in Szene setzen bzw. sind diesbezüglich bislang unauffällig.

Eine dezidiert ethnische Ökonmie lässt sich in Grønland nicht finden. Zudem zeigen die Beispiele vom Nagelstudio über das Textilgeschäft bis hin zum Möbelhändler unterschiedlichste Lebenswelten der Inhaberinnen und Inhaber und Bezüge zur mehrheimischen Ökonomie auf: So engagiert sich etwa ein Literaturwissenschaftler und leidenschaftlicher Händler neben seiner Tätigkeit in seinem Geschäft für antike Möbel in der interkulturellen Jugendarbeit. Weiterhin suchen sich transnationale junge Gründerinnen und Gründer aus Nachbarländern wie Schweden mit innovativen Ideen eine Nische im Quartier, um neue Dienstleistungen anzubieten. Viele von ihnen haben studiert und versuchen, mit einfachen und alternativen Mitteln, dabei orientiert am hippen Mainstream und darüber hinaus, ein Zielpublikum zu erreichen. So entstehen in Grønland besondere Geschäfte, beispielsweise das Café „Haralds Vaffel", welches – unter Verwendung des Vornamens des norwegischen Königs in der Geschäftsbezeichnung – fast ausschließlich Waffeln anbietet. Der Gründer von „Haralds Vaffel", ein ehemaliger Student, verschlug die Liebe nach Norwegen. In seiner Studienzeit verkaufte er zunächst Waffeln aus dem Fenster seiner Wohnung heraus, mittlerweile betreibt er sein kleines Café. Grønland bot ihm die Möglichkeit, eine kreative Geschäftsidee zu einer zum damaligen Zeitpunkt erschwinglichen Gewerberaummiete tatsächlich zu verwirklichen, wohingegen seine Idee anderenorts, etwa in einem „bürgerlichen Viertel", auf Skepsis hätte stoßen können. Die bewusst „unordentliche" Aufmachung seines Cafés mit Graffitis an den Wänden und Speerholzmöbeln wirkt in Grønland hingegen als Kundinnen- und Kundenmagnet und auch die ironische Verwendung des königlichen Vornamens zur Bezeichnung seines mehrheimischen Unternehmung hätte ihm nach eigener Aussage in einer anderen Stadtlage zahlreiche Beschwerden eingebracht.

Andere wiederum gründen eine Werbeagentur auf der Basis eines postmodernen Workspaces, wieder andere eröffnen Ladenlokale und machen sich mit Design aus alten Möbeln einen Namen. Dies geschieht häufig aus der Motivation heraus, sich selbst zu verwirklichen und eine bestimmte Philosophie auf dem Markt zu vertreten, wie unter anderem der von mir interviewte Literaturwissenschaftler und leidenschaftlicher Händler antiker Möbel berichtete. Im Fall des Möbelhändlers besteht die Philosophie darin, alte Wohnstile zu bewahren, der Langlebigkeit guter Holzmöbel Rechnung zu tragen und Altes wieder zu recyceln. Es sind Ideen, welche die Nachhaltigkeit, Ästhetik und Wertschätzung von handwerklichen Fähigkeiten betreffen, die zur Selbstständigkeit führen können bzw. als Marktlücke erkannt und genutzt werden.

Auch junge Erwachsene aus Migrationsfamilien, die auf dem sozialen und ökonomischen Kapital ihrer (Groß-)Eltern aufbauen können, etwa in Form von Immobilien und bestehenden Ladenlokalen, gründen neue Geschäfte oder führen jene ihrer Familie auf ihre je eigene Art weiter. Dabei orientieren sie sich am Weltmarkt und greifen Ideen aus den angesagten Modestädten auf. Oft stellen sie „Newcomerinnen" und „Newcomer" ein, da sie selbst mehrere Geschäfte gleichzeitig betreiben und häufig nicht mehr in den Ladenlokalen anzutreffen sind. Ein Beispiel für solch einen Ort ist ein Barbershop (siehe Abb. 5), der von jungen Erwachsenen aus Migrationsfamilien eröffnet wurde. Sie orientieren sich an globalen Trends und stellen aus ökonomisch-organisatorischen Gründen Personal ein. Im Geschäft führte ich ein Interview mit einem Angestellten, Mitte 50, der vor Jahren aus dem Irak einwanderte und zunächst im Norden von Norwegen lebte. Dort habe es ihm zwar sehr gut gefallen, aber für seine Verwandten sei es aufgrund der Abgeschiedenheit schwierig gewesen, ihn zu besuchen.

Grønland ist in ganz Oslo bekannt für seine Vielzahl an Friseurinnen und Friseuren. Ein weiteres Geschäft wird von einem Friseur betrieben, der sein Handwerk informell in seinem Herkunftsland Afghanistan erlernte, für den es dort keinen offiziellen Ausbildungsweg gibt. Der Mitarbeiter des entsprechenden Salons hat in der Vergangenheit schon bei seinen Eltern im Friseurbetrieb mitgearbeitet und berufliche Erfahrung gesammelt. Er wurde im Salon in Grønland eingestellt. Der Inhaber des Geschäftes kannte die in Afghanistan lebenden Eltern seines nunmehrigen Mitarbeiters schon vor dessen Einstellung und entschied sich dafür, dem jungen Mann einen Arbeitsplatz in seinem Geschäft anzubieten.

In sozialer Hinsicht unterliegen bestimmte Migrantinnen und Migranten aber immer noch gesellschaftlichen Ausschließungs- und Diskriminierungsprozessen. Im untersuchten Quartier betrifft dies etwa mehrheimische Familien, die im Zuge der sogenannten Gastarbeitermigration aus Pakistan nach Norwegen kamen. Die erste Generation befindet sich bereits im Pensionsalter und hat, wie

Abb. 5 Barbershop. (Foto: Marc Hill, 2017, Grønland)

die Befragten auf der Straße berichten, oftmals günstigen Wohnraum in Grønland erworben. Heute profitieren sie oder nachfolgende Generationen von diesem Erbe, da dieses Viertel derzeit von steigenden Immobilienpreisen betroffen ist und eine Gentrifizierung spürbar wird. Ebenso berichten Sozialforscher*innen und Sozialforscher in Interviews davon, dass immer wieder geflüchtete Familien aus Somalia, die im Quartier leben, öffentlich kritisiert und stigmatisiert werden. Offensichtlich werden auch in Oslo bestimmte Menschen auf die Sozialfigur des

Flüchtlings reduziert. Sie werden aufgrund ihrer Kleidung, Sprache und Religion als Abweichung von der imaginierten gesellschaftlichen westlichen Norm konstruiert und somit als Fremde markiert und diskriminiert. Einerseits gilt Grønland in seiner Außenwahrnehmung als ein weltoffenes Viertel, welches bekannt ist für eine gute Nahversorgung durch die ansässigen mehrheimischen Ökonomien. Anderseits deuten die Diskreditierungen des Quartiers als „Parallelgesellschaft" und die Stigmatisierung von Teilen der Bewohnerschaft mit Migrations- und Fluchtgeschichte darauf hin, dass migrationsbedingte Diversität als urbane Ressource, gesellschaftliche Normalität und Voraussetzung für Stadtentwicklungen durch ethnisch-zentrierte Marginalisierungsdiskurse weiterhin ignoriert, verdeckt und ausgeklammert werden.

3 Fazit und Ausblick

Grønland ist zu einem Bezirk mit wichtiger Nahversorgungsfunktion für die Stadtbevölkerung geworden und leistet damit einen wertvollen Beitrag zu kurzen Wegen, längeren Öffnungszeiten und günstigeren Warenangeboten in der Stadt. Das Viertel ist für ein bestimmtes Sortiment von Dienstleistungen bekannt und mit öffentlichen Verkehrsmitteln schnell zu erreichen. Darüber hinaus handelt es sich um ein Wohn-, Freizeit- und Geschäftsquartier mit einem besonderen skandinavisch-orientalischen Flair.

Aus einer postmigrantischen Perspektive und mittels ethnografischer Erkundung lässt sich das mehrheimische Geschäftsleben im Stadtquartier re-/de-/konstruieren. Dabei ist es bedeutsam, alltägliche Erfahrungen der Akteurinnen und Akteure und gesellschaftliche Transformationsprozesse zu berücksichtigen. Für Migrantinnen und Migranten, die ein kleingewerbliches Unternehmen in einem Stadtquartier gründen, zählen vor allem die Besetzung von Marktlücken, die Einhaltung von Marktregulierungen und die Aussicht darauf, am Markt überhaupt mit den eigenen Ressourcen und Möglichkeiten bestehen zu können. Erst nach Erfüllung der gesetzlichen Kriterien und nach erfolgreichem Zugang zu wettbewerbsfähigen Preisen können sie einen sozialen Aufstieg unter marginalisierten Bedingungen erreichen. Zu den erschwerten Voraussetzungen zählen in formaler Hinsicht die Beschaffung von Geldmitteln für die Gründung eines Unternehmens und die Einhaltung aller gesetzlichen Vorschriften.

Trotz schwieriger Ausgangslage und Marginalisierungsdiskurse sind Migrantinnen und Migranten vielfach erfolgreich darin, sich in Quartieren selbstständig zu machen. Die ethnischen Zugehörigkeitskonstruktionen, die ihnen entgegengebracht werden, empfinden sie zwar einerseits als stigmatisierend, häufig transcodieren sie diese jedoch in Geschäftsstrategien und nutzen sie auf diese Weise gewinnbringend. Aufgrund ihrer Lebenssituation bieten Mehrheimische häufig kleingewerbliche Dienstleistungen an und sind dabei auf die tatkräftige Unterstützung ihres gesamten sozialen Umfeldes und auf ihr transnationales Netzwerk angewiesen. Dabei entwickeln sie pragmatische Geschäfts- und familiale Lebensstrategien. Langfristig erhoffen sich diese Familien eine gewisse soziale Absicherung und eine bessere Zukunft für ihre Kinder. Diese Einschätzung deckt sich mit jenen aus den statistischen Erhebungen zu diesem Themenfeld, die besagen, dass ein sozialer Aufstieg durch Freiberuflichkeit erreicht werden kann (Leicht 2018). Um ihre Ziele zu erreichen, haben die interviewten Personen aus der Erfahrung der Migration heraus ein Geschäft gegründet, welches ihnen mit transgenerationaler Unterstützung erlaubt, sparsam zu wirtschaften, eine Familie zu gründen und die Lebensbedürfnisse der einzelnen Familienmitglieder miteinander zu kombinieren. Durch ihre Existenzgründungen werten sie gleichzeitig Stadtquartiere auf, eröffnen neue Märkte und geben diesen ein Gesicht. Auf der Basis von mehrheimischen Ökonomien wandelt sich das Quartier und wirkt belebend auf die ganze Stadt.

Das kleingewerbliche Handeln von Migrationsfamilien dient – zusammenfassend formuliert – dazu, Privat- und Berufsleben besser miteinander in Einklang zu bringen, sich selbst zu verwirklichen, gesellschaftliche Anerkennung zu erlangen, Marktlücken zu schließen und strukturelle sowie soziale Ausgrenzungsmechanismen zu überwinden (de Vries 2019, S. 142 ff.; Hill und Yildiz 2018).

Dieser mehrheimische Gründungs- und Etablierungsprozess ist Teil von Lebenswelten der Geschäftsleute und steht in einem weltweiten Kommunikationszusammenhang. Im Zeitalter der Globalisierung scheint der Trend zur Verstädterung weiter anzuhalten und die Sehnsucht nach kurzen Wegen, also der Vereinbarkeit von Vielheit im Quartier, zu steigen. Lokale Verflechtungen und offene Strukturen sind zur wechselseitigen Abstimmung von Familien- und Berufsleben und zum Erreichen bzw. Erhalten einer gewissen Lebensqualität im Zeitalter der Globalisierung von hoher Bedeutung. Mit der Verstädterung steigt auch der Bedarf nach ökologisch sinnvollen Lösungen. Mehrheimische Ökonomien, welche häufig aus einer Notsituation heraus gegründet worden sind, können hier als ein Erfolgsmodell zitiert werden. In diesem Sinne ist diese Form der Freiberuflichkeit eine zugleich individuelle, lokal-globale und gesamtgesellschaftliche Angelegenheit, welche je nach Kontext neu betrachtet werden muss: Migration, Heimat und Ökonomie – aus postmigrantischer Perspektive ein non-duales, innovatives Geflecht, in dem die Fäden des Quartiers der Zukunft zusammenlaufen.

Literatur

Albrow, Martin: Auf Reisen jenseits der Heimat. Soziale Landschaften in einer globalen Stadt. In: Beck, Ulrich (Hrsg.): Kinder der Freiheit. Frankfurt am Main 1997, S. 288–314

Berner, Heiko: Status und Stigma. Werdegänge von Unternehmer_innen türkischer Herkunft – eine bildungswissenschaftliche Studie aus postmigrantischer Sicht. Bielefeld 2018

Bukow, Wolf-Dietrich; Nikodem, Claudia; Schulze, Erika; Yildiz, Erol: Die multikulturelle Stadt. Von der Selbstverständlichkeit im städtischen Alltag. Opladen 2001

De Vries, Nicole: Quartiersentwicklungspotentiale migrantischer Ökonomie am Beispiel Duisburg-Marxloh. In: Niermann, Oliver; Schnur, Olaf; Drilling, Matthias (Hrsg.): Ökonomie im Quartier. Quartiersforschung Von der sozialräumlichen Intervention zur Postwachstumsgesellschaft. Wiesbaden 2019, S. 139–154

Engels, Friedrich: Die Lage der arbeitenden Klasse in England. Nach eigener Anschauung und authentischen Quellen. Leipzig 1845

Geertz, Clifford: Dichte Beschreibungen. Beiträge zum Verstehen kultureller Systeme. Frankfurt am Main 1983

Goffman, Erving: Interaktion im öffentlichen Raum. Frankfurt/New York 2009

Hill, Marc; Yildiz, Erol: Von der migrantischen Ökonomie zur Stadtentwicklung. In: Genkova Petia, Riecken Andrea (Hrsg.): Handbuch Migration und Erfolg. Wiesbaden 2018, S. 1–15 (https://doi.org/10.1007/978-3-658-18403-2_40-1)

Honneth, Axel: Kampf um Anerkennung. Zur moralischen Grammatik sozialer Konflikte. Frankfurt am Main 1992

Leicht, René: Die Bedeutung von Migrantenunternehmen für die Integrations- und Wirtschaftspolitik in den Kommunen. In: Gesemann, Frank; Roth, Roland (Hrsg.): Handbuch Lokale Integrationspolitik. Wiesbaden 2018, S. 525–548

Kaufmann, Jean-Claude: Das verstehende Interview. Theorie und Praxis. Konstanz: 1999

Kloostermann, Robert; Rath, Jan: Veränderte Konturen migrantischen Unternehmertums. In: Hillmann, Felicitas (Hrsg.): Marginale Urbanität. Migrantisches Unternehmertum und Stadtentwicklung. Bielefeld 2011, S. 87–117

Lintner, Claudia: Economies in Between. Migrantenökonomien als Orte gesamtgesellschaftlicher Transformationsprozesse. Bozen-Bolzano 2015

OECD: Pisa 2015. Ergebnisse im Fokus. In: https://www.oecd.org/berlin/themen/pisa-studie/PISA_2015_Zusammenfassung.pdf (veröffentlicht 2016, abgerufen am 30.3.2019)

Pütz, Robert: Perspektiven der „Transkulturalität als Praxis". Unternehmer türkischer Herkunft in Berlin. In: Yildiz, Erol; Mattausch, Birgit (Hrsg.): Urban Recycling. Migration als Großstadt Ressource. Basel/Boston/Berlin 2008, S. 63–81

Räuchle, Charlotte; Nuissl, Henning: Migrantische Ökonomien zwischen Potentialorientierung und Differenzmarkierung. Konzeption und Erträge eines „prä-postmigrantischen" Forschungsgegenstands. In: Geographica Helvetica 74/2019, Iss. 1, S. 1–12 (https://doi.org/10.5194/gh-74-1-2019)

Simmel, Georg: Die Großstadt und das Geistesleben. Frankfurt am Main 2006

Schmitt, Caroline: Migrantisches Unternehmertum in Deutschland. Afro Hair Salons zwischen Ausgrenzung und Inkorporation. Bielefeld 2015

United Nations Development Programme: Human Development Report 2016. Human Development for Everyone. In: http://hdr.undp.org/sites/default/files/2016_human_development_report.pdf (veröffentlicht 2016, abgerufen am 29.3.2019)

Wiggen, Kjersti Stabell; Dzamarija, Minja Tea; Thorsdalen, Bjørn; Østby, Lars: Innvandreres demogra-fi og levekår i Groruddalen, Søndre Nordstrand, Gamle Oslo og Grünerløkka. Oslo 2015

Yildiz, Erol: Die Weltoffene Stadt. Wie Migration Globalisierung zum urbanen Alltag macht. Bielefeld 2013

Dr. phil. Marc Hill ist Bildungswissenschaftler und Migrationsforscher. Derzeit arbeitet er als Assistenzprofessor an der Universität Innsbruck. Aktuelle Publikation: Eine Vision von Vielfalt: Das Stadtleben aus postmigrantischer Perspektive, 2018.(doi: 10.14361/9783839439166-010). Kontakt: Marc.Hill@uibk.ac.at.

Auf die richtige Weichenstellung kommt es an: die Mobilitätswende

Von einer synchronen Quartierentwicklung zur Mobilitätswende

Wolf-Dietrich Bukow und Erol Yildiz

Wie wichtig ein zukunftsorientierter Umgang mit einer extrem zunehmenden Mobilität ist, ist in einschlägigen Debatten längst unumstritten. Auch in den hier vorliegenden Beiträgen wird das immer wieder deutlich gemacht. Und es sind dabei auch schon verschiedene Strategien aufgezeigt worden, wie man damit in der Stadtgesellschaft umgehen muss, um eine auch nur einigermaßen nachhaltige Entwicklung zu ermöglichen. Diese Überlegungen sollen hier erneut aufgegriffen, aber jetzt gezielt miteinander verknüpft und aus gesellschaftswissenschaftlicher Perspektive zugespitzt werden. Es muss alles dafür getan werden, dass die *sustainable city* gerade bei dieser Thematik endlich mit konkreten Vorschlägen vorangebracht wird. Noch immer stellt die *sustainable city* so etwas wie eine Leerformel dar (Schubert 2015, S. 149).

1 Neue Chancen für eine nachhaltige Mobilitätswende

Tatsächlich gibt es im Augenblick neue Chancen für eine nachhaltige Umorientierung in der Mobilität. Das wird schon deutlich, wenn man sich mit der aktuellen Dieseldebatte befasst, die bei vielen auch eine neue Sensibilität für die Umweltproblematik gerade auch im Zusammenhang mit Mobilität ausgelöst hat.

W.-D. Bukow (✉)
Universität Siegen, Siegen, Deutschland
E-Mail: wolf-dietrich.bukow@uni-siegen.de

E. Yildiz
Institut Erziehungswissenschaft, Universität Innsbruck, Innsbruck, Österreich
E-Mail: erol.yildiz@uibk.ac.at

Spätestens aber mit der von dem Youtuber Rezo anlässlich der Europawahlen 2019 ausgelösten Diskussion über das Versagen der rechten und der konservativen Parteien beim Umweltschutz eröffnet sich hier sicherlich eine große Chance, wirklich etwas zu bewegen. Tatsächlich hat ja bei Rezo das Versagen bei der Verkehrswende und den zunehmenden mobilitätsbedingten Schadstoffen eine wichtige Rolle gespielt. Der Augenblick ist gekommen, um nach einer langen Stagnation in Sachen *sustainable city* (Rink 2018, S. 254) wirklich einmal in der nachhaltigen Stadtentwicklung voran zu kommen.

Immer wieder wird darauf verwiesen, es sei doch schon viel geschehen. Tatsächlich ist aber bislang kaum etwas wirklich Nachhaltiges geschehen. Was nützt es, hier und da einige neue Radwege auszuweisen und im Übrigen auf die weiteren Planungen zu verweisen, die dann mangels finanzieller Mittel in den Schubladen verbleiben. So kommt es anders als in den Niederlanden weder zu einem attraktiven noch zu einem hochwertigen Wegenetz. So kommt es gar nicht erst zu einer echten Alternative zu den überkommenen Mobilitätsformaten. Es reicht auch nicht aus, Zuschüsse für den Ankauf von e-Autos auszuweisen, wenn sie mangels Angebot überhaupt nicht abgerufen werden können und wenn die technischen Rahmenbedingungen völlig unzulänglich sind. Es gibt ja noch nicht einmal flächendeckende Ladestationen und diese sind dann noch nicht einmal untereinander kompatibel. Tatsächlich wäre es notwendig, den gesamten Individualverkehr wie in Norwegen umgehend auf e-Autos umzustellen. Es hilft auch wenig, wenn hier und da Park & Ride-Plätze gebaut werden, gleichzeitig aber keine Mittel für einen zügigen Ausbau des Schienenverkehrs zur Verfügung gestellt werden. Tatsache ist, dass heute schon 60 % aller Beschäftigten vom Wohnort zur Arbeit in eine andere Gemeinde pendeln und hierbei über 80 % ausschließlich den PKW benutzen. Und es bringt auch wenig, wenn das lokale ÖPNV-Angebot zwar verbessert wird, dieses Angebot aber nicht nur immer teurer wird, sondern man gleichzeitig auch noch zu immer mehr Mobilität genötigt wird, weil Geschäfte, Dienstleistungseinrichtungen und die Verwaltungen aus dem Quartier verschwinden. Stattdessen werden an der urbanen Peripherie Shoppingmalls gefördert und Gewerbegebiete konzentriert. Und was hat es mit zukunftsorientierter Stadtentwicklung zu tun, wenn wie in Mannheim für das *Benjamin Franklin Village* eine Entwicklungskonzeption realisiert wird, bei der weder an Nahversorgung noch an Arbeitsplätze, geschweige denn an Kleingewerbe und an das Handwerk gedacht wurde und wo weder soziale noch kulturelle Einrichtungen vorgesehen sind. Wenn man die Stadtentwicklung Investoren überlässt, kommt dabei eben die übliche autogerechte Stadt heraus.

Man muss sich dabei aber vor Augen halten, dass die Quartiere im großstädtischen Umfeld letztlich sogar noch privilegiert sind. Ganz anders, nämlich noch viel schlimmer sieht es in vergleichbaren Quartieren in den Mittel- und Kleinstädten, im sogenannten ländlichen Raum aus. Hier vollzieht sich seit der Ausbreitung des Individualverkehrs eine massive Enturbanisierung, ablesbar an der Schließung von Gastronomie, Geschäften und Verwaltungen, der Auflösung von Schulen und Krankenhäusern. Das zwingt allemal zu immer mehr Mobilität. Statt diese Prozesse aufzuhalten, dieser Dynamik zu begegnen setzt man auf die Reanimation einer sogenannten dörflichen Kultur, autogerechte Anbindungen und neuerdings auf smart-city-Konzepte. Nirgends ist das besser zu belegen als an den neuen Bundesländern. Dort hat schon der Bau von Autobahnen den sogenannten ländlichen Raum nicht vorangebracht. Und das wird sich auch durch das Umschwenken auf die neuen Datenbahnen nicht ändern.

Wie im Kleinen gibt es auch im Großen meist nur bescheidene Verbesserungen, die, wenn man genauer hinschaut, oft genug eine problematische Entwicklung allenfalls bremsen, aber nicht stoppen oder gar umkehren. Dazu zwei Beispiele: Besonders plastisch wird das im Flugverkehr. Tatsächlich werden hier zunehmend Flugzeuge eingesetzt, die weniger Kraftstoff verbrauchen und leiser sind. Gleichzeitig wächst aber der Flugverkehr so massiv an, dass unter dem Strich die Umweltbelastungen trotzdem massiv ansteigen. Diese Entwicklung hat damit zu tun, dass das Fliegen nach wie vor hoch subventioniert wird, folglich unschlagbar billig geworden ist. Plastisch wird das aber auch an dem Umgang mit der Migration. Tatsächlich hat sich in den letzten Jahren eine ausgeprägte Willkommenskultur entwickelt und es wurde erheblich in Integration investiert. Gleichzeitig wurde aber stufenweise eine immer restriktivere Migrationspolitik entwickelt, womit den Städten zunehmend die Chance genommen wird, ihren Bevölkerungsschwund und den zunehmenden Arbeitskräftemangel durch Zugewanderte auszugleichen. Und das hat letztlich eine erheblich ansteigende Alltagsmobilität zu Folge. Denn ein ungebremst zunehmender Bevölkerungsschwund verstärkt die Enturbanisierungstendenzen. Und Enturbanisierung bedeutet u. a. funktionale Verarmung des Quartiers und zwingt damit die Bevölkerung zu immer mehr Mobilität, um diese Verarmung zu kompensieren. Es hat aber auch einen zunehmenden Arbeitskräftemangel zur Folge, der einerseits dazu nötigt, für unabdingbare Leistungen Fachkräfte einpendeln lassen, und der anderseits dazu zwingt, Produktionsschritte auszulagern, die dann wiederum zu logistischen Herausforderungen werden und letztlich mehr LKW-Verkehr bedeuten. All das läuft jeder Mobilitätswende zuwider. Die kleinen Schritte, die in diesem Umfeld zu beobachten sind, können den negativen Trend zu mehr problematischer Mobilität, zu mehr Schadstoff- und Lärmbelastungen, Flächenverbrauch usw. so kaum stoppen.

Wenn jetzt die Debatte über eine nachhaltige Entwicklung wieder ins Blickfeld rückt und dabei auch die zunehmenden Umweltbelastungen durch den Autoverkehr erkannt werden, dann sollte man die Gunst der Stunde nutzen. Für eine auf Nachhaltigkeit ausgerichtete Neuausrichtung der Mobilität kommt es nun darauf an, die Weichen grundsätzlich neu zu stellen und zwar dort, wo die entscheidenden Weichen gestellt werden, nämlich vor Ort. Und um im Bild zu bleiben: Hier Weichen zu stellen impliziert, sich gemeinsam mit allen involvierten Menschen, also der gesamten lokalen Bevölkerung auf der Basis einer offenen und synchronen Quartierentwicklung sowohl praktisch als auch alltagspolitisch neu aufzustellen. Tatsächlich ist ja die Mobilität längst zur Supermobilität avanciert und wird damit zu einer alltagspolitischen Superherausforderung.

2 Supermobilität – eine alltagspolitische Superherausforderung

An den oben angeführten und an unendlich vielen weiteren Beispielen lässt sich zeigen, dass bis heute überhaupt nicht ausreichend differenziert über Mobilität nachgedacht wird, sondern nach wie vor stets eine ganz bestimmte Version von Mobilität, nämlich räumliche Mobilität zugrunde gelegt wird und bei dieser räumlichen Mobilitätsversion dann auch noch eine ganz spezifische Mobilitätspraxis, nämlich technisch organisierte Mobilität gemeint ist.

Es ist ein reduktionistischer Umgang mit Mobilität. Er hat tatsächlich sehr viel mit einer politisch eingefahrenen technologischen Entwicklung zu tun – einer Entwicklung, die eine ganz spezifische Mobilität nicht nur extrem erleichtert, sondern auch noch einseitig forciert und wo das gelungen ist, dabei auch noch extrem Gewinn zu machen. Tatsächlich hat die Autoindustrie ja das Fortkommen nicht nur unglaublich vereinfacht, sondern für sich auch noch ökonomisch ungeheuer ertragreich gestaltet und sogar als symbolisch schlagkräftiges Produkt zur Verfügung gestellt. Anders als in den Niederlanden, der Schweiz oder Norwegen spielt bei uns die Autoindustrie eine entscheidende Rolle. Das Ergebnis ist, dass Mobilität nicht nur einseitig festgeschrieben, sondern auch noch raumgreifend forciert und am Ende auch noch mythisch überhöht wurde. Der Autoindustrie wird eine Definitionsmacht zugebilligt. In Deutschland hat das erst jüngst wieder Verkehrsminister Andreas Scheuer mit seiner Verherrlichung unbegrenzter Geschwindigkeit auf deutschen Autobahnen demonstriert. Auf diese Weise wird der Straßenverkehr tagtäglich neu mystifiziert und ganz nebenbei wird z. B. das Berufspendeln zum Normalfall erklärt. Es ist eine allzu einfache Reduktion von Komplexität, bei der nicht nur andere weniger, profitable Formen raumgreifender Mobilität auf der Strecke bleiben, sondern auch weitere Versionen weniger oder gar nicht raumgreifender Mobilität ignoriert werden.

Ein Blick auf den urbanen Alltag macht deutlich, dass in der Regel nicht Mobilität an sich, sondern nur ein ganz spezifisches Mobilitätsformat politisch verhandelt wird und wie selbstverständlich städtebaulich genauso wie stadtentwicklungsmäßig praktiziert und dementsprechend auch besonders gefördert wird. Genau dieses Format, das nach wie vor im Mittelpunkt steht, bereitet uns mit seinen Folgen und Nebenfolgen im Quartier die Probleme. Ersichtlich besteht die eigentliche Herausforderung nicht in einer Mobilität an sich, sondern in dieser speziellen veralltäglichten Version. Es ist deren Verabsolutierung, die letztlich das große Problem bereitet.

Es geht darum, dass die raumgreifende, technologisch verabsolutierte, reduktionistische Form der Mobilität in der Struktur der Stadtgesellschaft eingeschrieben ist. Sie hat sich Quartier für Quartier verfestigt und wie selbstverständlich veralltäglicht. Von dort aus wird die verkehrliche Infrastruktur fest in den Griff genommen. Dieses Phänomen ist dafür verantwortlich, wenn Radschnellwege nur noch auf unattraktiven Nebenwegen oder wie in der Kölner Radschnellwegplanung sogar auf geschotterten Waldwegen geplant werden. Wenn der Autoverkehr im urbanen Raum wie selbstverständlich privilegiert ist, dann wird das als erstes im Quartier sichtbar, wo die Autos alles zustellen, die Fahrradfahrer zunehmend auf die Bürgersteige flüchten und wegen der zugestellten Radspuren in den Gegenverkehr ausweichen müssen. Angesichts der extremen strukturellen Verfestigung, einer Veralltäglichung und einer Verselbstverständlichung dieser Version von Mobilität bedarf es ganz neuer alltagspolitischer Anstrengungen, vor allem aber erst einmal eines entsprechend tief und bei den Menschen im Quartier anknüpfenden alltags- und kommunalpolitischen Perspektivenwechsels.

3 Mobilität als ein zentraler Modus alltäglichen Zusammenlebens

Die Erfahrungen zeigen, dass es zu einer wirklich nachhaltigen Wende erst kommen wird, wenn man sich ganz konkret auf den urbanen Alltag konzentriert und dabei die situativen Bedürfnisse genauso wie entsprechende Rahmenbedingungen mit thematisiert.

Bei dem konkreten urbanen Alltag geht es zunächst einmal um das Quartier, wie ja auch in dem einführenden Beitrag schon erläutert wurde. Das Quartier ist der Ort, wo im konkreten tagtäglichen Umgang miteinander Mobilität praktiziert wird. Hier stellt Mobilität einen zentralen Modus dar. Ohne eine ausreichende

Mobilität ist es nicht möglich, seine Bedürfnisse und Wünsche zu realisieren. Die Weichen für die Mobilität werden also ganz konkret im Quartier, in einem dem Handelnden unmittelbar zugänglichen Handlungsfeld gestellt. Das Quartier ist hier in zweierlei Weise relevant, als Ort, als Quartierraum und damit als konkretes Handlungs- bzw. Mobilitätsfeld und als Handlungs- bzw. Mobilitätsrahmen. Das Quartier stellt ja gleichzeitig die erforderlichen Rahmenbedingungen bereit. Es kommt jetzt darauf an, welche Formen von Mobilität in der konkreten Situation (hier und jetzt) funktional, sozialadäquat, also entsprechend und im Blick auf Folgen und Nebenfolgen auch sachadäquat, also angemessen sind und ob die Rahmenbedingungen dazu passen.

Die Frage ist, was in einer solchen Situation dann eine angemessene Mobilität bzw. eine „entsprechende" Mobilität meint. Zur Beantwortung dieser Frage sind mehrere Schritte erforderlich:

1. Zunächst geht es um eine ganz praktische Frage, nämlich welche Mobilitätsformen einem zur Verfügung stehen, um seine alltäglichen Handlungsziele zu erreichen. Dies ist im Grunde eine ganz triviale Frage, die sich in der Alltagspraxis tagtäglich stellt. Und entsprechend trivial fällt auch die Antwort aus. Man verweist darauf, was man in den entsprechenden Gelegenheiten in der Regel zur Verfügung hat.
2. Heute, wo Mobilität als Supermobilität wahrgenommen und zur Superherausforderung avanciert ist, stellt diese Antwort allerdings nicht mehr so einfach zufrieden. Es wird klar, dass es hier nicht mehr um eine quasi automatisch zu erledigende, um eine letztlich triviale Angelegenheit geht. Die wie und von wem auch immer vorbestimmten Formen von Mobilität werden zunehmend problematisch. Es wichtig zu klären, welche Mobilität die konkret gewünschte Leistungsfähigkeit aufweist, um den Dauerablauf des Alltags langfristig zu sichern.
3. So kommt es zur Frage, welche Versionen von Mobilität der Situation tatsächlich noch entsprechen und langfristig angemessen sind. Hier wird es schwierig, weil damit der Horizont des vertrauten und routiniert praktizierten Alltags überschritten wird. Manche Formen werden nicht gleich bewusst, weil sie nur selten oder nur unter bestimmten Voraussetzungen relevant sind. Von anderen weiß man vielleicht nur wenig oder gar nichts. Manche Mobilitätsformen mögen überhaupt nicht ad hoc vorstellbar sein. Spätestens in diesem Moment wird aus der Alltagsfrage eine (alltags-)politische Frage. Heute werden solche Fragen gar nicht erst kommunalpolitisch und erst recht nicht mehr bundespolitisch adressiert, sondern gleich zivilgesellschaftlich gestellt. Schon lange richtet sich in solchen Fällen der Blick auf entsprechende Initiativen

wie den VCD oder den ADFC, FUSS e. V. oder Pro Bahn und die unterdessen schon klassischen Initiativen wie Die Deutsche Umwelthilfe (DUH). Und spätestens seit dem Youtuber Rezo ist klar, dass es sich immer auch um eine globale Frage handelt, die dementsprechend auch eine globale Antwort mit einschließt. Gefragt wird, inwieweit sich Mobilität im einem glokalen Sinn nachhaltig gestalten lässt, ob sie in diesem Sinn umweltverträglich ist und ob die dabei eingesetzten Ressourcen erneuerbar sind.

4. Am Ende wendet man sich notwendiger Weise wieder dem konkreten Alltag zu, den aktuellen Handlungserfordernissen, der individuellen Situation. Jetzt geschieht das aber in einer ganz anderen Weise als vorher. Einerseits wird einem bewusst, dass das Quartier zu dem, was es heute darstellt, nur geworden ist, weil es die kleinste Einheit einer Stadtgesellschaft darstellt. Tatsächlich agiert das Quartier als eine sich autopoietisch aussteuernde, emergente Einheit von Stadtgesellschaft und bildet nichts anderes als die alles entscheidende Basiseinheit des *lebenden Systems Stadtgesellschaft*. Anderseits wird einem bewusst, das ggf. neue Mobilitätsformen angesagt sind. Mobilität wird zu einem Thema und wird als ein zentraler Modus im alltäglichen Zusammenleben transparent. Nun geht es darum zu klären, welche Mobilitätsformen letzten Endes tatsächlich sozial- wie sachadäquat und letztlich auch zukunftsfähig sind. Spätestens in diesem Augenblick wird die Stadtgesellschaft Thema.

Vorstellungen über eine nachhaltige Mobilität müssen also Schritt für Schritt und am Ende im Rahmen der Stadtgesellschaft in einem synchronen Prozess zwischen allen Beteiligten und im Blick auf alle hier relevanten Aspekte von Stadtentwicklung ausgehandelt werden. Damit ist ein wirklicher Perspektivenwechsel zu einer offenen Sichtweise vollzogen.

Aus dieser *offenen* Perspektive heraus lassen sich Lösungen wie der Ausbau des ÖPNV ohne eine gleichzeitige Durchsetzung eines Quartiers der kurzen Wege und erst recht Insellösungen wie die Förderung des e-Auto ohne gleichzeitige Einschränkungen für diesel- und benzinbetrieben Autos schnell durchschauen. Es kommt also ganz entschieden auf die richtige Perspektive und damit auf den Fokus an, mit dem man das urbane Zusammenleben in seiner entsprechenden Komplexität in den Blick nimmt.

Aus einer *offenen und gleichzeitig lebenspraktisch verankerten Alltagsperspektive heraus* ergeben sich für jeden immer wieder neue Perspektiven. Neben dem konkreten Hier und Jetzt spielt nun auch eine Rolle, dass sich dieses Hier und Jetzt in einer kleinsten Einheit von Stadtgesellschaft vollzieht. Das bedeutet Mobilität als eine Angelegenheit, einen Bewegungsmodus anzugehen, der wirklich alle und in der unterschiedlichsten Weise und in unterschiedlichsten

Kontexten involviert. Insofern geht es um eine *synchrone Quartierentwicklung*, in der die ganze Breite, Vielfalt, Offenheit und Diversität der Alltagspraxis mit den Vielen als Vielen zugrunde gelegt wird. Alle sind in ihrer Unterschiedlichkeit gleichermaßen im Blick auf alle relevanten Aspekte involviert und deshalb auch entsprechend beteiligt und sind deshalb auch gefordert, immer wieder neue Lösungen zu erarbeiten und sie dann auch zu leben. Aus einer abgehobenen, rein planerischen und in der Regel einem einzigen Ziel gewidmeten Perspektive hingegen würden sich weiterhin nur repetitve Konzeptionen ergeben – Perspektiven, die sich bislang fast immer als fremdgeleitet und als von einseitigen industriellen Interessen geprägt erwiesen haben.

4 Von einer synchronen Quartierentwicklung zur Mobilitätswende

4.1 Ausgangspunkt einer synchronen Quartierentwicklung

Hier ist zunächst ein Blick auf zwei Sozialwissenschaftler nützlich. Wie man bei einer synchronen Quartierentwicklung der ganzen Breite der Alltagspraxis am besten Raum gibt, dazu hat Henry Lefebvre schon1968 in seiner Arbeit über das Recht auf Stadt die ersten Grundlagen skizziert. Mit seiner Unterscheidung zwischen *urbaner Praxis* und *urbanistischer Praxis* hat er einen wichtigen Hinweis gegeben. Während er mit der ersteren, der urbanen Praxis, auf die in den Städten vor Ort lebende Bevölkerung abhebt, die im Alltagsleben darauf aus ist, immer wieder neue Möglichkeiten für ein erfolgreiches Zusammenleben auszumachen, hebt er mit der letzteren, der urbanistischen Praxis, auf kommunale Aktivitäten ab, hier vor allem die Praxis der offiziellen Stadtplanung, die von außen vorgehend politisch definierten Leitbildern folgt[1]. Den letzten Anstoß zu dieser neuen Sichtweise hat jüngst Richard Sennett (Sennett 2018, S. 265 ff.) mit seinen Überlegungen zur *offenen Stadt* gegeben. Er hat in seinen Überlegungen eine *Ethik des Bauens und Bewohnens* vorgelegt, in der er den hier interessierenden

---

[1]Henry Lefebvre (Lefebvre und Schäfer 2016) kritisiert schon damals die steigenden Mietpreise und die Segregation, das Schwinden nicht kommerzieller Freiräume, rassistische, sexistische und homophobe Ausgrenzung, die um sich greifende soziale Kontrolle, die Minderung der demokratischen Teilhabe und, was hier besonders interessiert, den ausbleibenden ökologischen Umbau.

Referenzrahmen für das Verstehen des konkreten urbanen Zusammenlebens neu entwickelt hat. Die Idee ist hier, dass die Bevölkerung in Rahmen der *urbanen* Praxis alles daran setzt, für ihre gesellschaftliche Platzierung immer wieder neuen Spielraum zu gewinnen und zukunftsfähig auszurichten und im Blick auf einen so wichtigen zentralen Modus wie Mobilität zu einer glokalen Lösungen zu kommen. Gleichzeitig lässt sich so eine urbanistische Praxis verhindern, in der die komplexe Lebenswirklichkeit von Menschen kaum zur Kenntnis genommen, meist sogar gezielt ignoriert (Lefebvre und Schäfer 2016, S. 125 ff.) wird. Wenn dementsprechend die Mobilität zu einem *offenen* Modus alltäglichen Zusammenlebens für die Vielen als Viele avanciert, dann müssen die Eckdaten für eine zukunftsorientierte Mobilität für alle z. B. durch eine *Stadt der kurzen Wege*[2] (s. o) im Quartier neu definiert werden. Und sie müssen nicht nur komplexitätsadäquat systematisiert werden, sondern auch die zunehmende Diversität des urbanen Raumes als Ressource einsetzen. Es sind dann weniger die Alteingesessenen, denen es naturgemäß schwerfällt, aus welchen Gründen auch immer eingeschliffene Routinen infrage zu stellen, sondern vor allem vom Alter, von der Herkunft oder von dem Familienstatus her *Newcomer,* die an einer zukunftsoffenen urbanen Platzierung und an den Modalitäten, wie diese Platzierung im Alltag am besten organisiert werden kann, interessiert sind. Und solche Lösungen sollten dann im Rahmen einer synchronen Quartierentwicklung bis auf Weiteres verankert werden. So werden die Räume des Quartiers zu „Knotenpunkten des Experimentierens mit neuen urbanen Möglichkeiten" (Lefebvre und Schäfer 2016, S. 156). Genau dies würde auch der Logik der Stadtgesellschaften entsprechen (Bukow 2018, S. 80 ff.).

4.2 Knotenpunkte des Experimentierens

„Die Idee, stärker als bisher die urbane Praxis im Sinn von Knotenpunkten des Experimentierens mit neuen urbanen Möglichketen" (Lefebvre und Schäfer 2016, S. 156) in den Mittelpunkt zu rücken, ist tatsächlich überhaupt nicht neu.[3] Aber sie erhält in dem Moment, in dem überkommene Routinen zumal im Umfeld der Mobilitätsproblematik fraglich werden, ungeheure Bedeutung. So lässt sich die

---

[2]Vgl. oben den Beitrag von Andreas Feldkeller: Perspektiven des Urbanen Quartiers.
[3]Es ist eine uralte Idee, die schon Jeremia (Jeremia 29,7) bekannt war.

ganze Komplexität, die sich gerade mit diesem Thema auftut, erfolgreich angehen und es lassen sich Lösungen entwickeln, die tatsächlich zukunftsweisend sind. Auch die an anderer Stelle[4] bereits geforderte und abschließend noch einmal erläuterte strukturelle Kopplung zwischen Arbeiten und Wohnen bei der Quartierentwicklung zeigt genau in diese Richtung. Mit dieser Strategie wird nicht nur der Wunsch nach einem überschaubaren und viablen Quartieralltag aufgegriffen, sondern sie motiviert zu Lösungen, deren Auswirkungen sofort praktisch erfahrbar sind. Eine strukturelle Kopplung zwischen Arbeiten und Wohnen erübrigt eben raumgreifende Mobilität und spart damit Zeit und Geld. Und sie fördert gleichzeitig direkte, unmittelbare face-to-face Mobilität und eine neue Kontakt-, Kommunikations- und Begegnungsdichte. Auch die Überlegungen zur Responsibilität weisen in genau die gleiche Richtung, weil damit noch einmal deutlich wird, dass Stadtgesellschaften sich nur entwickeln können, wenn die Kommune als Vertretung der Stadtgesellschaft und die Bevölkerung als Zivilgesellschaft auf gleicher Augenhöhe miteinander kommunizieren.

Die Idee einer synchronen Quartierentwicklung impliziert eine offene Denkhaltung. Es geht tatsächlich darum, die Spur zu wechseln und außerhalb bzw. unterhalb der längst strukturell verfestigten, ja etablierten und bis in die Details hinein vorgeschriebenen Bahnen zu denken, in einer Art kontrapunktischer und nicht strukturell längst eingeschriebenen Lesart z. B. Mobilität neu, d. h. breiter, situations- und zielangemessener auszurichten und gleichzeitig problematische Versionen von Mobilität und vorweg angebotenen Definitionen infrage zu stellen.

Sennet notiert: „Die Stadt ist ein komplexer Ort, das heißt voller Widersprüche und Mehrdeutigkeiten. Komplexität bereichert Erleben und Erfahrung, Klarheit schmälert sie" (Sennett 2018, S. 15). „Aufgabe des Planers und Architekten wäre es, Komplexität zu fördern und eine interaktive, synergetische Ville zu schaffen, die größer wäre als die Summe ihrer Teile" (18).

Und an anderer Stelle betont er: „Synchrone, interpunktierte, durchlässige, unvollständige und vielfältige Formen erschöpfen zwar nicht alle ihm verfügbaren Möglichkeiten, aber sie reichen aus, um seine Erfahrungen in gebaute Form umzusetzen" (255).

Und noch wichtiger ist die Überlegung: Synchrone Orte entwerfen, an denen viele Dinge gleichzeitig geschehen.

„Die ethische Verbindung zwischen Stadtplaner und Stadtbewohner besteht darin, sich in einer gewissen Bescheidenheit zu üben: Man lebt als einer unter vielen in einer Welt, in der man sich nicht selbst gespiegelt sieht. Als einer unter vielen zu

---

[4]Vgl. oben Wolf-D. Bukow: Das Quartier wird Basis zukunftsorientierter Stadtentwicklung.

leben, macht es möglich, wie Robert Venturi dies einmal ausdrückte, die Komplexität und ‚Vielfalt der Bedeutungen' über deren bloße Klarheit zu stellen. Das ist die Ethik einer offenen Stadt." (369/370)

Je offener man sich hier orientiert, je aktiver man sich mit seinen Ideen, Erfahrungen, Problemen und Irritationen einbringt, umso schneller wird der Blick für Barrieren einerseits und Durchlässigkeiten anderseits, für verloren gegangene Möglichkeiten und neue Hoffnungen geweckt. Alltagsbedürfnisse werden sichtbar und können zum Ausgangspunkt für gemeinsame Debatten werden, in denen die unterschiedlichen Milieus, Altersgruppen und Lebensstile synchron in eine Quartierentwicklungsdebatte eintreten. Auf diese Weise wird gleichzeitig der zunehmenden Diversität der Bevölkerung mehr Spielraum zugestanden, Vielfalt veralltäglicht und entbesondert und zu einer lebendigen, attraktiven Ressource[5].

„Wie schon Olmsted zeigte, benötigen wir in der Gestaltung öffentlicher Räume Strategien, die Menschen anziehen. Wenn ein Raum wirklich synchron sein soll, muss er den Menschen etwas anbieten, das sie anderswo nicht so leicht finden." (261/262)

Das bedeutet einerseits, dass strukturelle Quartierentwicklung zu einer spannenden Angelegenheit wird, die allein deshalb schon motiviert und neue Impulse freisetzt. Es bedeutet anderseits, dass viele Motive für eine großräumige Mobilität obsolet werden, weil die Welt im Quartier erlebbar wird und das Leben im Quartier schon zu einem Erlebnis globalgesellschaftlicher Wirklichkeit wird. Dabei ist in diesem Zusammenhang noch gar nicht die heutige virtuelle Mobilität mit in Rechnung gestellt.

5 Ansätze für eine Mobilitätswende auf der Basis einer synchrone Quartierentwicklung

Für eine Mobilitätswende, die auf der Basis einer synchronen, offenen, alltagspolitischen Quartierdebatte entwickelt wird, ergeben sich schnell drei unterschiedliche Schwerpunkte. Naheliegend ist es, zunächst einmal die urbane Situation im Quartier in den Mittelpunkt zu stellen und hier die Möglichkeiten zu einer Mobilitätswende zu prüfen. Danach käme es darauf an, das Quartier

---

[5]Vgl. oben Wolfgang Kaschuba: Öffentliches Leben im Quartier oder: Die Späti-Moderne.

insgesamt ins Blickfeld zu rücken und aus der Perspektive einer gezielten Re-Urbanisierung zu diskutieren und schließlich die Vernetzung der Quartiere im *glokalen* Zusammenhang zu sichern.

5.1 Zur Kernzone des Quartiers: face-to-face-Reurbanisierung

In der Kernzone des Quartiers dient der urbane Raum unmittelbar der Alltagspraxis. Das verlangt einerseits eine Öffnung des Kernzonenraumes für alle bei gleichzeitiger Privilegierung fußläufiger und fahrradgebundener Mobilität. Das Ziel wären hier *shared spaces,* die für alle öffentlichen Funktionen und Aktivitäten offen sind und damit ein effektives Zusammenleben in einem überschaubaren und damit attraktiven urbanen Raum ermöglichen. Anderseits bedeutet das aber auch, jeglichen motoirisierten Verkehr durch Citymaut an der urbanen Peripherie, durch die flächendeckende Einführung von Tempo-30-Zonen, durch eine durchgängige Verringerung der Autospuren, durch eine Umwidmung dieser Spuren für den Fahrradverkehr, durch die Schaffung autofreier Zonen und den Rückbau von Parkplätzen einzudämmen.

Städte wie London oder New York haben in ersten Ansätzen bewiesen, dass ein solches Vorgehen extrem erfolgreich sein kann. Sie bekennen sich unterdessen zu einem solchen Konzept und versuchen so etwas im Rahmen eines Global Street Design Guide anzugehen, wenn sie beispielsweise Autospuren zu Radspuren umwidmen und Greenways einführen. Diese Städte beweisen auch, dass es möglich ist, im Rahmen einer synchronen Stadtentwicklung die lokale Bevölkerung und die hier involvierte Kommune gemeinsam zu mobilisieren, gemeinsam zu planen und in einem überschaubaren Zeitraum überzeugende Erfolge zu erzielen. Diese Erfolge sind es, die alle Beteiligten für weitere Schritte motivieren. Man könnte dieses als eine face-to-face-Reurbanisierung bezeichnen, weil eine fußläufige bzw. fahrradgebundene Form der Mobilität im Mittelpunkt steht, in der urbanes Zusammenleben auf gleicher Augenhöhe verläuft.

5.2 Zur urbanen Qualität des Quartiers: Dezentralisierung und Re-Urbanisierung

Wichtig wird dann auch, das Quartier als Ganzes in den Blick zu nehmen. Aus diesem Blickwinkel wird schnell klar: Je komplexer sich ein Quartier entwickelt, umso mehr kommt es auf die Durchlässigkeit des Quartieraufbaus an, weil das die

Alltagsaktivitäten der Einwohnerschaft begünstigt. Durchlässigkeit bedeutet vor allem, Offenheit für multifunktionale Aktivitäten.

a) *Dezentralisierung und Wiederherstellung funktionaler Mischung:* Die Herstellung von mehr Durchlässigkeit im Aufbau des Quartiers ist ein wichtiger Schritt in Richtung Re-Urbanisierung. Bei einer solchen Öffnung kann man sich nämlich durchaus an den Strukturen der überkommenen europäischen Quartiere orientieren. Es geht dabei im Grunde um eine Re-Urbanisierung im Sinn einer Wiederherstellung einer funktionalen und sozio-kulturellen Mischung, eine lokale Reorganisation der schrittweise segregierten Strukturen. All dies ist bei der zunehmenden Zentralisierung der Behörden, Verwaltungen und Betriebe sowie bei der funktionalen Konzentration von Gewerbe und Kultur auf ganz bestimmte quartierferne Räume verloren gegangen. Eigentlich wird nur die Versorgung durch Kioske und Cityshops, durch ein differenziertes Bildungsangebot, durch quartiernahe Dienstleistungen, durch Handwerk, Gewerbe und Behörden usw. reorganisiert.

Bis in die 70er Jahre des letzten Jahrhunderts waren viele Hinterhöfe in urbanen Quartieren sogar so etwas wie kleine Gewerbegebiete. Nachdem im Mai 2017 in das Baugesetzbuch „Urbane Gebiete" als Topos eingefügt wurden – Gebiete, die dem Wohnen sowie der Unterbringung von Gewerbebetrieben bzw. sozialen, kulturellen und anderen Einrichtungen, die die Wohnnutzung nicht wesentlich stören, dienen – können kleine Betriebe usw. wieder in die Quartiere zurückkehren. Viel ist gewonnen, wenn zumindest die der Straße zugewandten Erdgeschosse im Quartier wieder für Gewerbe, Handwerk, Dienstleistungen, Geschäfte usw. zurückgewonnen oder erneuert werden. Natürlich ist es wichtig, dass die Mieten erschwinglich bleiben und die Kommune sich dabei aktiv für die Sicherung der urbanen Qualität engagiert. Ein solche Re-Urbanisierung verbessert nicht nur die Lebensqualität, sondern ermöglicht vor allem eine völlig andere Mobilität als die, die sich zuletzt eingespielt hat. Sie ermöglicht kurze Wege. Vorbilder können hier solche quartiernahen Geschäfte wie MPREIS in Tirol oder ganze Quartiere wie die Keupstraße in Köln oder die Ottakringer Straße in Wien sein.

b) *Re-Urbanisierung durch eine strukturelle Koppelung von Arbeiten und Wohnen:* Im Grunde ist das schon bei der Wiederherstellung der funktionalen Mischung mit angesprochen worden. Die Diskussion der letzten Jahre hat jedoch gezeigt, dass es hier um eine der ganz entscheidenden Herausforderungen für ein besseres Zusammenleben und vor allem auch für eine effizientere und gleichzeitig nachhaltigere Mobilität geht. Zwei Stichworte sind in diesem Kontext besonders brisant: die extrem zunehmende Zahl der

Pendler und die extreme Verknappung von Wohnraum. Und diese beiden Stichworte gehören eng zusammen, wie schon ein Blick auf die Geschichte der modernen europäischen Stadt belegt. Bevor nämlich der Individualverkehr und die autogerechte Stadt zum Leitmotiv wurden, war es selbstverständlich, dass bei der Ansiedlung von Gewerbe und Industrie arbeitsplatznaher fußläufig erreichbarer Wohnraum zur Verfügung stand. Hierbei haben sich teils die entsprechenden Betriebe (z. B. die Deutsche Reichsbahn und Firmen wie Felten & Guilleaume oder Krupp/Essen), teils Genossenschaften (z. B. in Wien durch gewerkschaftlich organisiertes Bauen) und teils die Kommunen (z. B. Augsburg über Erbpachtkonzepte) engagiert. Erst mit der Individualisierung des Verkehrs und dessen Steuerung durch Politik und Wirtschaft haben sich die Funktionen Wohnen und Arbeiten getrennt und wurden schließlich durch die Charta von Athen auch noch global festgeschrieben. Um eine nachhaltige Stadtentwicklung zu fördern haben erst jüngst Städte wie Seattle/Washington oder Tübingen mit dem Franzosenviertel oder neue integrierte Wohnprojekte in Berlin (in Berlin-Kreuzberg am ehemaligen Blumengroßmarkt) gezeigt, dass man hier erfolgreich gegensteuern kann.

Für die Re-Urbanisierung ist eine strukturelle Kopplung von Arbeiten und Wohnen, d. h. eine personen- bzw. funktionsgebundene Wiederverknüpfung beider Funktionen ganz entscheidend. Dienst- oder Werkswohnungen oder eine Residenzpflicht wären Beispiele für eine funktionale Verknüpfung. Eine personengebundene Verknüpfung würde z. B. entstehen, wenn man bei Wohnungsbau generell und speziell bei Investorenprojekten mit dem Gewerbe oder der *urban production* eingesetzt und dann im Verhältnis von 1:1 Wohnraum schafft, der dann bevorzugt für die hier Tätigen reserviert wird. Das setzt voraus, dass eine Kommune ganz gezielt arbeitsplatznahes Wohnen und die dafürstehenden Projekte und Baugemeinschaften fördert und die Mieten deckelt. Dass so etwas funktioniert, belegen z. B. die Überlegungen der Kette „Motel One", die in München an der Schillerstraße gleich zwei neue Häuser mit zusammen 912 Betten bauen will und jetzt nach Protesten bereit ist, zumindest auf 300 m^2 zehn Wohnungen für Hotelmitarbeiter einzuplanen.

Je offener sich das Quartier entwickelt, umso mehr Möglichkeiten entstehen für die Realisierung vielfältiger Alltagsbedürfnisse, angefangen beim Wohnen über die Versorgung und bis hin zu Dienstleistungen und zum Kleingewerbe und diversen Formen der Begegnung. Und umso einfacher, effektiver und wirkungsvoller gestaltet sich das Zusammenleben. Eine so ausgerichtete synchrone Quartierentwicklung impliziert am Ende nicht nur mehr Spielraum für eine zunehmende Diversität der Bevölkerung, indem Vielfalt veralltäglicht wird, sondern auch eine extrem dichte, raumsparende und hochattraktive Mobilität. Und gleichzeitig werden damit solche Siedlungsformen verhindert, wie sie z. B. in Köln-Chorweiler oder in Kölnberg entstanden sind. Sie mögen zwar dicht sein, sind aber funktional verarmt und längst zu extrem geschlossenen postmodernen Slums geworden.

5.3 Zur Vernetzung urbaner Quartiere: Synchronisierung einer nachhaltig ausgerichteten synchronen Quartierentwicklung

Noch immer scheint eine auf Verbrennungsmotoren basierende autogerechte Stadt die *conditio sine qua non* für die Etablierung alternativer Formen von Mobilität, was selbst dann noch gilt, wenn wie in Hamburg, Berlin oder Stuttgart und vielen weiteren Städten Luftreinhaltungspläne aufgestellt werden müssen und eigentlich nicht nur der Ausbau von Radwegen und ÖPNV vorangetrieben werden müsste, sondern auch eine erhebliche Reduzierung eines auf Verbrennungsmotoren basierenden Autoverkehrs erzwungen werden müsste. Und es gilt selbst da noch, wo neue Technologien bereitstehen, um in einem erheblichen Umfang reale Mobilität durch virtuelle Mobilität zu ersetzen. Was hier geboten ist, wäre eine Bündelung und gleichrangige Behandlung der unterschiedlichen Mobilitätsbedürfnisse und eine Privilegierung umweltfreundlicher Versionen.

a) *Plädoyer für eine gleichrangige Behandlung unterschiedlicher verbrennungsfreier Mobilitätsformen:* Anders als in den urbanen Kernzonen ist selbst bei einer gelungenen Re-Urbanisierung der einzelnen Quartiere auf raumgreifende Mobilität nicht zu verzichten. Aber hier käme es erst einmal auf eine zumindest gleichrangige Behandlung unterschiedlicher verbrennungsfreier Mobilitätsformen an. In Großraum Portland/Oregon werden zur Zeit multimodale Wege mit getrennten Trassen für die Stadtbahn, die Straßenbahn, den Busverkehr und den Fahrradverkehr quer durch die Stadt gebaut. Das Ziel ist ein nachhaltiges und der gesamten Öffentlichkeit zur Verfügung stehendes Mobilitätsnetzwerk, mit dem alte, neue und erst noch in der Entwicklung befindliche Quartiere miteinander verknüpft werden.
Entscheidend ist stets die gleichrangige Behandlung unterschiedlicher verbrennungsfreier Mobilitätsformen. Bei solchen Konzepten haben die Erfahrungen aus den Niederlanden mit einem gleichberechtigten Umgang mit Auto- und Fahrradtrassen eine große Rolle gespielt. Heute werden in den Niederlanden längst nicht nur innerstädtische, sondern ganz bewusst auch städteverbindende Radschnellwege gebaut, die analog zu den Autobahnen die

Orte kreuzungsfrei und oft sogar windgeschützt miteinander auf attraktive Weise verbinden. Ähnlich wird in Kopenhagen vorgegangen, wo ein Netzwerk von Supercykelstier über 500 km entsteht, von dem bereits 167 km fertig gestellt sind. Gleichrangigkeit bezieht sich hier stets auf alle Ebenen der Vernetzung. Und wenn die Netze parallel entwickelt werden entstehen auch attraktive Knotenpunkte. Sie werden zu Verknüpfungspunkten zwischen den verschiedenen Mobilitätsformen und können gleichzeitig dazu genutzt werden, Fahrräder in Fahrradparkhäusern unterzustellen bzw. mit anderen zu teilen oder zu leihen. Alles zusammen reduziert zwar nicht schon die Mobilität, ermöglicht aber eine völlig neue Nachhaltigkeit und motiviert die Bevölkerung, zu partizipieren.

b) *Logistische Verknüpfung von Industrie und E-Commerce-Unternehmen:* Die Dezentralisierung mag auch im größeren Zusammenhang nützlich sein, wenn dadurch Einheiten entstehen, die eine interne Mobilität zu reduzieren erlauben und die externe Mobilität zum Kunden verkürzen. Aber für die Quartiere wäre es vor allem wichtig, wenn auf der letzten Meile eine logistische Verknüpfung von Industrie und E-Commerce-Unternehmen entwickelt würde. Es gibt erste Beispiele für solche Bemühungen, die letzten logistischen Schritte zumal des extrem anwachsenden E-Commerce zu bündeln und gemeinsame Verteil- und Abholzentren zu etablieren. Für Logistikunternehmen wie DHL oder Hermes würde es naheliegen, derartige gemeinsame Quartierlogistikzentren zu etablieren, wo Kunden ggf. über bike-sharing und cargo-Räder ihre Bestellungen selbst abholen könnten. Dieser Service wäre über die konkrete Abholfunktion hinaus auch für das gesamte Quartier interessant. So könnten auch Handwerksbetriebe solche cargo-e-Bikes für die letzte Meile nutzen.

c) *Etablierung virtueller Arbeitsplätze:* Virtuelle Kommunikation und virtuelle Arbeitsplätze können raumgreifende Mobilität mit all ihren Folgen und Nebenfolgen erheblich reduzieren, weil hier reale durch virtuelle Mobilität ausgetauscht wird. Zur Zeit plant jedes zweite Unternehmen in Deutschland, virtuelle Arbeitsplätze bereitzustellen, was allerdings nicht aus Gründen der Nachhaltigkeit gemacht wird, sondern um einerseits Kosten zu sparen und anderseits neue Mitarbeiter zu gewinnen, die sonst wegen des Mobilitätsaufwandes nicht zur Verfügung stehen würden. Unter dem Strich bedeutet das aber nicht nur Pendlermobilität zu reduzieren, sondern auch lokale Infrastruktur zu fördern und damit die urbane Qualität vor Ort zu unterstützen. Städte wie Daun/Eifel oder Hillesheim/Eifel stellen genau aus diesen Gründen Räume für virtuelle Arbeitsplätze (Co-Working) für Betriebe in der weiteren Umgebung zur Verfügung, die von Mitarbeitern aus dem lokalen Umfeld genutzt werden können. Gerade für den sogenannten ländlichen Raum wäre das ein erheblicher Gewinn.

Eine nachhaltige Quartierwicklung impliziert eine völlig neue Denkhaltung. Und diese Denkhaltung lässt sich nur entwickeln, wenn die gesamte Bevölkerung mit ihrem ganzen Potenzial, in ihrer ganzen Diversität einbezogen und das Quartier transparent gemacht und für alle geöffnet wird. Und wenn Mobilität im Quartier als ein zentraler Modus der Alltagspraxis eine ganz entscheidende Komponente darstellt, dann gelingt auch eine Mobilitätswende nur auf gleicher Augenhöhe. Das bedeutet synchrone Orientierung, synchrone Quartierentwicklung aller jeweils involvierten Bevölkerungsgruppen ohne Ansehen der Person für Alteingesessene genauso wie für Newcomer allein auf der Basis ihres vor-Ort-Seins. Dabei geht es nicht um eine integrierte Entwicklung, wie sie noch vom Umweltbundesamt (Umweltbundesamt 2017) skizziert wurde und womit letztlich nicht mehr als eine Verwaltungsstrategie gemeint wird, bei der alle aus der Sich der Verwaltung relevanten Aspekte mit einbezogen werden sollten, also nicht um eine *praxologische* Perspektive, sondern hier geht es um eine *praktische* Perspektive, bei der von Knotenpunkten des Experimentierens ausgegangen wird. Von hier aus lässt sich Mobilität auch im Blick auf die globalgesellschaftliche Wirklichkeit immer wieder neu durchdenken, alltagspolitisch permanent reformulieren und auf ihre Viabilität und Umweltverträglichkeit hin immer wieder neu erproben. Eine Mobilitätswende funktioniert eben nicht schon durch eine von der Verwaltung zögerlich unterstützte Rückeroberung der Stadt, sondern erst dann, wenn sie alles in eine nachhaltige und urban ausgerichtete synchrone Quartierentwicklung einfügt. Und besonders dann, wenn durch die Mobilitätswende neu urbane Möglichkeitsräume eröffnet werden, die als Gewinn, als Bereicherung und als eine neue Qualität im urbanen Zusammenleben verbucht werden können, wird sie sich durchsetzen. Es wäre dann Sache der verschiedenen politischen Ebenen, dies auch in den urbanen Strukturen festzuschreiben.

Literatur

Bukow, Wolf-Dietrich (2018): Urbaner Diskurs für eine zukunftsorientierte Stadtentwicklung. In: IzR In: Informationen zur Raumentwicklung Heft 5/2018 S. 80 ff.

Lefebvre, Henri; Schäfer, Christoph (2016): Das Recht auf Stadt. Deutsche Erstausgabe. Hamburg: Edition Nautilus (Nautilus Flugschrift).

Rink, Deter (2018): Nachhaltige Stadt. In: Rainer Maria Rilke, Renate Schmidt–Meier und George Bernard Shaw (Hg.): Handbuch Stadtkonzepte. Analysen, Diagnosen, Kritiken und Visionen. Stuttgart: Verlag Barbara Budrich; Uni-Taschenbücher UTB (Sozialwissenschaften, Stadtforschung), S. 237–258.

Umweltbundesamt (Hg.) (2017): Die Stadt für Morgen. Umweltschonen mobil – lärmarm – grün – durchmischt. Berlin

Schubert; Dirk (2015): Stadtplanung. Wandlungen einer Disziplin und zukünftige Herausforderungen. In: Antje Flade (Hg.): Stadt und Gesellschaft im Fokus aktueller Stadtforschung. Konzepte – Herausforderungen – Perspektiven. Wiesbaden: Springer VS, S. 143–204.

Sennett, Richard (2018): Die offene Stadt. Eine Ethik des Bauens und Bewohnens. 1. Auflage. München: Hanser Berlin.

Prof. Dr. Wolf-Dietrich Bukow Studium der Ev. Theologie, Soziologie, Psychologie und Ethnologie in Bochum und Heidelberg. Gründer der Forschungsstelle für Interkulturelle Studien (FiSt) sowie des center for diversity studies (cedis) an der Universität zu Köln. Zuletzt Inhaber einer Senior-Forschungsprofessur am Forschungskolleg der Universität Siegen (FoKoS) mit den Schwerpunkten Mobilität, Diversität und Regionalentwicklung. Jüngste Buchpublikationen im VS-Verlag: Die kompakte Stadt der Zukunft (2017) und Inclusive City (2015).

Dr. Erol Yildiz studierte Pädagogik, Soziologie und Psychologie an der Universität zu Köln. Er wurde 1996 im Fach Soziologie promoviert. 2005 habilitierte er sich an der Universität zu Köln für das Fach Soziologie. Erol Yildiz war zwischen 2008–2014 Professor für den Schwerpunkt „Interkulturelle Bildung" an der Alpen-Adria-Universität Klagenfurt. Seit März 2014 ist er Professor für den Lehr- und Forschungsbereich „Migration und Bildung" an der Universität Innsbruck. Forschungsschwerpunkte: Postmigrantische Studien, Stadt, Migration und Vielheit. Aktuelle Publikation: Postmigrantische Visionen. 2018 Bielefeld (Hg. mit Marc Hill).

Verkehrspolitik für urbane Quartiere in einer Stadt der kurzen Wege

Folkert Kiepe

1 Ausgangslage

Stadt und Verkehr entwickelten sich über Jahrhunderte weitgehend unproblematisch, weil Städtebau und Verkehr voneinander abhingen. Selbst die einschneidenden Veränderungen, die mit den neuen Verkehrsmitteln Eisenbahn und Straßenbahn für die Verbindung der Städte untereinander und für die Mobilität in den Städten verbunden waren, blieben steuerbar, weil sie in kollektiven Prozessen abliefen. Erst mit der individuellen Motorisierung als Massenerscheinung und dem damit einhergehenden Auseinanderlaufen von gewünschter Siedlungs- und tatsächlicher Verkehrsentwicklung wurde der Verkehr für die Städte zu einem sie bedrohenden Problem.

Die enormen Zuwachsraten im motorisierten Individualverkehr innerhalb der letzten 50 Jahre gepaart mit den Leitbildern der „Charta von Athen" von 1933 und der Nachkriegspolitik einer „autogerechten Stadt" haben zu „Stadtflucht" und Zersiedelung des Umlandes sowie in den Zentren der städtischen Verdichtungsgebiete zu erheblichen Störungen des Stadtgefüges und der Stadtfunktionen geführt:

- Belastung der innerstädtischen Wohngebiete mit Lärm, Abgasen und Erschütterungen,
- zunehmende Unfallgefährdung,
- Behinderung des öffentlichen Personennahverkehrs durch den Kraftfahrzeug-verkehr-Verkehr,

F. Kiepe (✉)
Kanzlei Becker Büttner Held, Köln, Deutschland
E-Mail: folkert.kiepe@bbh-online.de

© Springer Fachmedien Wiesbaden GmbH, ein Teil von Springer Nature 2020
N. Berding und W.-D. Bukow (Hrsg.), *Die Zukunft gehört dem urbanen Quartier*, https://doi.org/10.1007/978-3-658-27830-4_13

- erhöhter Flächenanspruch für den fließenden wie ruhenden Individualverkehr und Verlust öffentlicher, urbaner Räume,
- Zerschneidung und Beeinträchtigung funktional sowie sozial gemischter historischer Stadtquartiere.

2 Handlungsanforderungen der Städte

Zentrale Aufgabe umweltbewusster nachhaltiger Stadt- und Verkehrsplanung ist es deshalb, den vermeidbaren motorisierten Verkehr möglichst zu reduzieren und die Umweltauswirkungen des nicht vermeidbaren Kfz-Verkehrs hinsichtlich Emissionen wie auch Flächenverbrauch, drastisch zu senken. Dies entspricht auch dem Leitbild der Europäischen Stadt, zu dem sich alle EU-Mitgliedstaaten 2007 in der sog. „Leipzig Charta" bekannt und das sie in der „Toledo Declaration" vom September 2010 bekräftigt haben[1]. Danach sollte sowohl zur Vermeidung sozialer Segregation als auch zur Verringerung der Verkehrsprobleme verstärkt eine Mischung der Funktionen Wohnen, Versorgen, Arbeiten, Dienstleistungen, Freizeit angestrebt werden.

2.1 Stadtplanung der kurzen Wege

Dazu brauchen die Städte vor allem eine integrierte Stadt- und Verkehrsplanung, die darauf gerichtet ist, die vorhandene Kfz-Infrastruktur für umweltfreundliche Mobilität zu nutzen und zusätzlichen Autoverkehrsbedarf zu vermeiden. Die für eine solche Stadtumbaupolitik erforderlichen Flächen sind vielen Städten in Gestalt von Industriebrachen, ehemaligen Militäranlagen, größeren Baulücken oder nicht genutzten Bahn- und Postflächen vorhanden. Eine Stadtplanung der Nutzungsmischung in den Stadtvierteln und eine bessere Verknüpfung der Verkehrswege von Fußgängern, Radfahrern, Nahverkehrsnutzen und Autofahrern müssen im Rahmen einer echten Verkehrswende zu einer Stadtentwicklungspolitik der kurzen Wege fortentwickelt werden. Dabei sind folgende Grundsätze zu beachten (vgl. DST 2018):[2]

---

[1]Leipzig Charta zur nachhaltigen europäischen Stadt, EU-Ministerkonferenz zur Stadtentwicklung und Raumordnung vom 24.05.2007 in Leipzig, www.bmvbs.de/Stadtentwicklung und Toledo Declaration vom September 2010; https://ec.europa.eu. siehe auch F. Kiepe, Perspektiven für die Europäische Stadt, in: vhw Forum Wohnen und Stadtentwicklung 2018 S. 46–50.
[2]Siehe hierzu: Deutscher Städtetag (Hrsg.), Nachhaltige städtische Mobilität für alle – Agenda für eine Verkehrswende aus kommunaler Sicht, Berlin und Köln 2018; siehe hierzu: K.J. Beckmann, Ch. Jung, R. Loske, H.v. Lojewski, M. zur Nedden, H. Monheim in: InfrastrukturRecht Heft 10/2017.

- Wohnungsbau und Gewerbeflächenerschließung nur noch an Standorten mit Anbindung an einen leistungsfähigen öffentlicher Nahverkehr;
- deutliche Reduzierung bzw. Aufhebung der bisherigen Stellplatzvorgaben;
- Wohnen in der inneren Stadt mit ihren urbanen Quartieren auf jeden Fall erhalten und möglichst erweitern, auch durch Umbau von Parkhäusern zu Wohnungen oder gewerblicher Nutzung;
- vorhandene Nutzungsmischungen fördern und ergänzen – auch, um die öffentlichen Räume stärker für Fuß- und Radverkehr zu nutzen und Kfz-Verkehr zu vermeiden.

2.2 Ausbau und Förderung des Umweltverbunds

Zweite tragende Säule eines solchen Konzepts ist der massive Ausbau des öffentlichen Personennahverkehrs und der Infrastruktur des Umweltverbunds für Fuß- und Radverkehr; dazu gehören auch Car- und Bike-Sharing-Angebote in den Stadtquartieren. Nur mit einem solchen vernetzten Mix von Mobilitätsangeboten kann die von allen gewünschte Mobilität in den Städten bei Reduzierung des Autoverkehrs und deutlicher Steigerung des Radverkehrs gesichert werden. Dazu ist auch eine andere Aufteilung der vorhandenen Verkehrsflächen erforderlich (vgl. Agora Verkehrswende 2018). Die bisher praktizierte parallele Förderung des ÖPNV und des Autoverkehrs muss aufgegeben werden; hierzu haben die Städte weder die Fläche noch das Geld. Stattdessen sollten Teile der vorhandenen Verkehrsflächen genutzt werden, um leistungsfähige und attraktive Netze für Fuß- Radverkehr – auch Fahrradstraßen – zu schaffen.

2.3 Ordnung und Begrenzung des Autoverkehrs

Die Angebotspolitik im öffentlichen Nahverkehr und beim Radverkehr muss ergänzt werden durch eine restriktive Ordnungspolitik beim Autoverkehr. Grundlage ist ein umfassendes Parkraummanagement in den Innenstädten und Ortsteilzentren. Eine Reduzierung der Dauerparkplätze (sowohl öffentliche wie private) auf das für Wohnen und Wirtschaften erforderliche Maß und eine vollständige Bewirtschaftung sowohl der Dauer- als auch der Kurzzeitparkplätze sowie die Staffelung der Parkgebühren je nach Lage der Parkplätze zum Zentrum hin entlasten die Stadtkerne und Ortsteilzentren vom Autoverkehr, sichern dem Einkaufs-, Dienstleistungs- und Anwohnerverkehr die erforderlichen Stellplätze und stützen außerdem den ÖPNV. Die Parkleitsysteme sind ihrerseits sowohl in

Konzepte zur innerstädtischen flächenhaften Verkehrsberuhigung zu integrieren, als auch mit der Verkehrsplanung der Umlandgemeinden abzustimmen. Außerdem sollte abseits des jeweiligen Vorfahrtstraßennetzes (Zeichen 306 StVO) in den Städten und Gemeinden endlich generell Tempo 30 als Regelgeschwindigkeit eingeführt werden, wie es der Vorschlag des DST vom Juni 1988 bereits vorsah (vgl. DST 1988).[3] Damit würde zugleich der Fuß- und Radverkehr in den Städten gefördert und sicherer, in den Stadtquartieren würde das urbane Leben deutlich attraktiver.

2.4 Stadtverträglich organisierter Güterverkehr

Eine solche flächenschonende Neuorganisation des Stadtverkehrs wird es auch ermöglichen, die zu erwartende starke Expansion im Wirtschaftsverkehr in den Städten zu bewältigen. Sowohl technisch-ökonomische Entwicklungen, als auch die deutliche Zunahme der Zustellerverkehre im Zeichen des explodierenden Online-Handels werden den Güterverkehr in den Städten noch wesentlich stärker wachsen lassen, als bisher angenommen. Da die prognostizierten Zunahmen angesichts der bereits vorhandenen Belastungen und der Flächenknappheit in den Ballungsräumen auf der Straße allein nicht bewältigt werden können, ist aus der Interessenlage der Städte insbesondere der Ausbau einer leistungsfähigen Transportkette auf Schienenbasis mit Güterverteilzentren in den Stadtquartieren dringend geboten.

3 Fazit

Die hier skizzierten vier zentralen Handlungsfelder einer zukünftigen städtischen Verkehrspolitik nützen nicht nur den urbanen Stadtquartieren, sondern sind zugleich Grundlage einer dringend notwendigen Neuausrichtung der bisherigen Mobilitätspolitik im Rahmen der jetzt anstehenden Verkehrswende.

---

[3]Siehe hierzu außerdem das 10-Punkte-Programm des DST zur Verbesserung des Stadtverkehrs vom September 1989 in: der städtetag 1989, S. 718 sowie F. Kiepe und H. Topp, Tempo 30 – Kern eines stadt- und gemeindeverträglichen Geschwindigkeitssystems, in: Bracher u. a. (Hrsg.) Handbuch der kommunalen Verkehrsplanung (HKV), 73.Erg. 12/2015.

Literatur

Agora Verkehrswende (2018) (Hrsg.): Öffentlicher Raum ist mehr wert – Rechtsgutachten zu den Handlungsspielräumen in Kommunen, R. Ringwald/Ch. De Wyl/ S. Schmidt/ (Rechtsanwälte BBH), September 2018.

Beckmann K.J., Ch. Jung, R. Loske, H.v. Lojewski, M. zur Nedden, H. Monheim (2017): in: InfrastrukturRecht Heft 10/2017.

Deutscher Städtetag (2018) (Hrsg.): Nachhaltige städtische Mobilität für alle – Agenda für eine Verkehrswende aus kommunaler Sicht, Berlin und Köln.

DST-Präsidiums- und Hauptausschußbeschluß vom 7./8.6.1988, in: der städtetag 1988.

Kiepe, Folkert und H. Topp (2015): Tempo 30 – Kern eines stadt- und gemeindeverträglichen Geschwindigkeitssystems, in: Bracher u. a. (Hrsg.) Handbuch der kommunalen Verkehrsplanung (HKV), 73.Erg. 12/2015.

Folkert Kiepe Von 1978 bis1985 in verschiedenen Funktionen bei der Stadtverwaltung Köln, im Rechtsdezernat (öffentliches, insbes. Bau- und Planungsrecht), als Referent beim Oberstadtdirektor und als Dezernatsjurist beim Beigeordneten für Stadtentwicklung und Umweltschutz. Seit März 1985 beim Deutschen Städtetag, zunächst als Hauptreferent, seit März 1991 als Beigeordneter für das Dezernats Stadtentwicklung, Bauen, Wohnen und Verkehr sowie von Mai 2004 bis August 2006 auch für Kultur verantwortlich. Von 1984 bis 1994 ehrenamtlich sachkundiger Bürger im Planungs- und im Verkehrsausschuss der Stadt Bergisch Gladbach. Ordentliches Mitglied der Deutschen Akademie für Städtebau und Landesplanung, der Akademie für Raumforschung und Landesplanung, sowie der Deutschen Verkehrswissenschaftlichen Gesellschaft. Seit Sommer 2012 als Rechtsanwalt und Partner of Counsel in der Kanzlei Becker Büttner Held mit Fragen der Stadtentwicklung und der Verkehrsplanung sowie der Finanzierung von Infrastrukturprojekten befasst. Veröffentlichungen zu Fragen des Baurechts, der Wohnungs- und Verkehrspolitik sowie der Stadtentwicklung; u. a. Mitautor und Herausgeber eines Kommentars zur Landesbauordnung Nordrhein-Westfalen, eines Kommentars zum BauGB sowie eines vierbändigen Handbuchs zur kommunalen Verkehrsplanung (HKV).